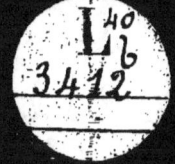

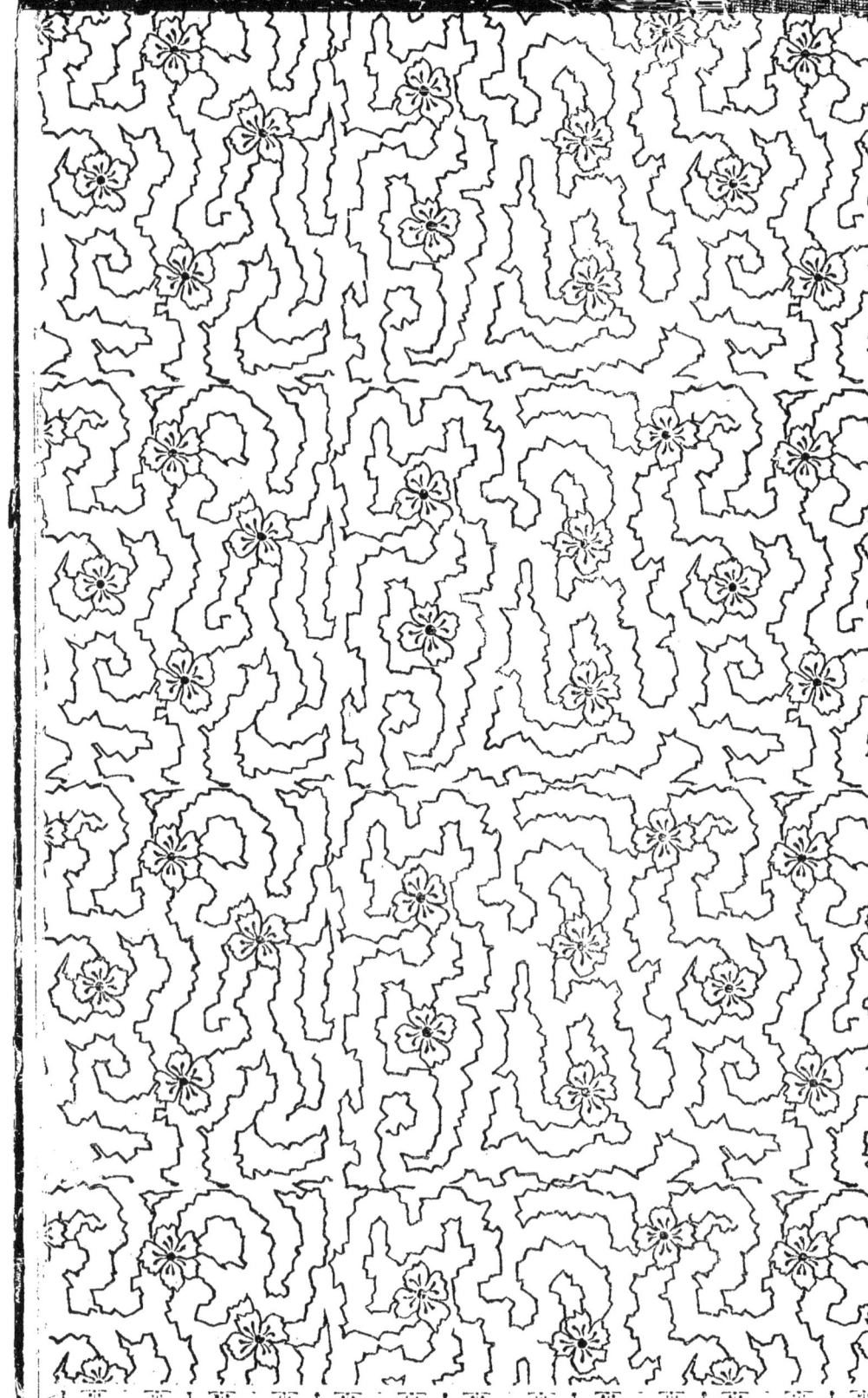

LA SOCIÉTÉ POPULAIRE

DU

CANTON DE LARCHE

ET LES

COMITÉS DE SURVEILLANCE

De LARCHE

Et de la FRATERNITÉ (Saint-Pantaléon)

(1793-1794)

DOCUMENTS INÉDITS PUBLIÉS

PAR

Le Dr RAOUL BLUSSON ET AUGUSTE MARCHANT
CONSEILLER GÉNÉRAL   CHEF DE DIVISION HONORAIRE
Maire de Saint-Pantaléon   Conseiller Municipal de Saint-Pantaléon

TULLE
IMPRIMERIE OUVRIÈRE, ADMINISTRATIVE ET COMMERCIALE
« LA GUTENBERG »

1905

LA SOCIÉTÉ POPULAIRE

DU

CANTON DE LARCHE

ET LES

COMITÉS DE SURVEILLANCE

De LARCHE

Et de la **FRATERNITÉ** (Saint-Pantaléon)

(1793-1794)

DOCUMENTS INÉDITS PUBLIÉS

PAR

Le Dr Raoul BLUSSON ET Auguste MARCHANT
CONSEILLER GÉNÉRAL   CHEF DE DIVISION HONORAIRE
Maire de Saint-Pantaléon   Conseiller Municipal de Saint-Pantaléon

---

TULLE
IMPRIMERIE OUVRIÈRE, ADMINISTRATIVE ET COMMERCIALE
« LA GUTENBERG »
—
1905

AVANT-PROPOS

On ne saurait trop approuver la mesure prise par le Gouvernement de la République en vue de rechercher et de publier tous les documents concernant les événements qui se sont déroulés en France de l'année 1789 à la Proclamation de l'Empire. Pendant quelques années et jusqu'à ces derniers temps, les publications relatives à l'Epopée Napoléonienne ont été très nombreuses. Les historiens ont fouillé dans les Archives publiques ou privées; les autobiographies des personnages de l'époque, les mémoires des temps ont été recueillis et imprimés, les auteurs dramatiques, les romanciers, les publicistes ont mis à jour de nombreux épisodes demeurés comme noyés dans le récit des événements dont l'Europe a été le théâtre de 1800 à 1815. Il n'est pas jusqu'aux moindres détails de la vie publique ou privée des premières années du dernier siècle qui n'aient été signalés à la curiosité ou à la critique du public. Tant la légende napoléonienne avait de vogue.

Des ouvrages importants, sans aucun doute, ont été écrits sur la période révolutionnaire, des historiens nous ont fait connaître, dans des pages souvent magnifiques, toujours très étudiées et documentées, les acteurs principaux, les causes, les résultats ou les conséquences au point de vue social ou au point de vue économique du mouvement politique qui marqua la fin de l'ancien régime. Mais ce qu'on a peut-être trop négligé jusqu'à ce jour, c'est l'examen des évènements locaux et la répercussion en province et dans les agglomérations les moins importantes et les plus éloignées des incidents de la vie Révolutionnaire qui se produisaient soit à Paris, soit dans les grandes villes. Que de faits cependant intéressants à mettre en lumière ! Combien de documents encore inconnus peuvent être exhumés pour mieux faire connaître les origines de notre monde moderne et être mis à contribution pour l'histoire définitive de la Révolution Française !

Le hasard nous ayant fait découvrir un Cahier contenant les procès-verbaux des séances de la Société Populaire de Larche, nous croyons répondre au désir du Gouvernement en les livrant à la publicité. Nous avons pensé faire œuvre utile en les tirant de l'oubli où ils étaient depuis leur rédaction, car ils ne sont pas sans intérêt pour l'histoire de l'ancienne paroisse de Larche et des paroisses voisines, telle celle de Saint-Pantaléon, dénommée à cette époque « La Fraternité. »

Il nous a paru utile de mettre en même temps sous les yeux de nos compatriotes le Cahier des Plaintes et Doléances de la ville et communauté (1) de Larche, rédigé le 8 mars 1789 et aussi de publier un résumé des délibérations des Comités de Surveillance des communes de Larche et Saint-Pantaléon « La Fraternité » (2) que nous faisons précéder de quelques notes sur les Plaintes et Doléances et

---

(1) Paroisse ou réunion de paroisses.
(2) Nous n'avons pu retrouver les cahiers des autres paroisses du canton.

l'organisation et le fonctionnement de ces Sociétés Révolutionnaires.

Nous serons heureux, en coopérant à l'œuvre sollicitée par le Ministre de l'Instruction publique, d'avoir pu être agréable à nos concitoyens du canton de Larche qui prendront connaissance de documents dans lesquels beaucoup retrouveront le nom de leur famille et où se réflètent l'honnêteté, l'esprit de justice, les sentiments humanitaires, l'intensité de foi patriotique et l'ardeur des convictions républicaines de la génération qui vivait à cette glorieuse époque. Ne trouvons-nous pas toutes ces qualités résumées dans l'allocution du président *Touzy* au Comité de Surveillance de la Fraternité, dans sa séance du 19 nivôse, an II :

« J'entrevois, mes amis, que le sort des détenus est entre
« les mains des Comités de Surveillance et qu'ils sont leurs
« premiers juges ; or, ils doivent banir de leur esprit toute
« vengeance et animosité ; ils doivent être justes comme
« la loi ; ne pas confondre l'innocence avec le crime.
« Il faut que le coupable soit puni et que l'innocent triom-
« phe ; délibérons en vrais républicains et patriotes ; disons
« la vérité, mais rien que la pure vérité et ayons toujours
« sous les yeux ces deux principes : la Justice, le Salut
« du Peuple. »

En outre, nous voyons la preuve dans plusieurs procès-verbaux des séances de la Société Populaire des préoccupations que donnaient à la population les menaces de l'étranger et des mesures que prenait ou préconisait la Société Populaire du canton de Larche pour aider, dans la limite de ses moyens et de ses ressources, la Convention à repousser l'odieuse agression dont la République était l'objet : Dons d'argenterie, de cloches, de numéraire, de linge destiné aux armées, préparation du charbon pour la fabrication de la poudre, recherche du salpêtre, etc., etc.

On y reconnait aussi le souffle ardent qui marqua la chûte définitive de l'ancien régime et ouvrit la perspective des grandes réformes sociales : Réglementation du travail, mutualité, laïcisation, diffusion et obligation de l'enseignement, instruction civique, impôt sur le revenu, vérification des poids et mesures, voirie, réforme de la justice, suprématie du pouvoir civil, dont la plupart viennent de trouver au début de notre siècle leur heureux et bienfaisant épanouissement.

Nos pères préparaient la voie aux grandes œuvres humanitaires et sociales qui vont faire l'honneur et la gloire du XXe siècle !

Dr R. BLUSSON.   A. MARCHANT.

Larche (Corrèze), le 15 janvier 1905.

Nous remercions M. Petit, archiviste du Département, des bons conseils et nombreux documents qu'il a bien voulu mettre gracieusement à notre disposition.

PLAINTES ET DOLÉANCES

DES PAROISSES

Avant la Révolution et déjà depuis longtemps, le peuple demandait des réformes importantes au gouvernement monarchique qui, sous l'influence de la noblesse et du clergé, alors en possession de tous les privilèges, refusait toujours d'écouter les réclamations, pourtant fort justes, des représentants du Tiers-Etat aux Etats-Généraux. Louis XVI, par bienveillance peut-être, mais certainement beaucoup plus par contrainte, se montrait, dès 1787, disposé à accorder quelques satisfactions.

A l'occasion de la convocation des Etats-Généraux de 1789, le roi, par décision du 14 janvier 1789, prescrivit la réunion des habitants de toutes les paroisses, en vue d'établir le programme de leurs revendications.

En exécution de cette décision, les habitants de la ville et communauté de Larche se réunirent le 8 mars 1789 et rédigèrent le *Cahier de leurs Plaintes et Doléances*.

Nous y trouvons énoncées un certain nombre de réformes qui sont réalisées aujourd'hui et d'autres qui sont sur le point de l'être.

Marchant-Bourieux, Denoix, Loubignac, Barutel, Lacombe et *Pomarel* furent délégués pour porter le Cahier à l'Assemblée de la Sénéchaussée de Brive qui se tint à Uzerche le 12 du même mois.

L'Assemblée des délégués (1) des Sénéchaussées de Brive

---

(1) Les délégués des autres paroisses du canton de Larche furent : pour Feyrières : François Duclaux et Georges Lacoste ; pour Chartriers : Chanabier ; pour Cublac : Jean Ségéral et François Lagorsse ; pour Mansac : Charles Ségéral et Martin Chaumont ; pour Saint-Pantaléon : Joseph Marchant, Jean-Baptiste Bosredon et Jean Duprat ; pour Saint-Sernin : François Laroche et Jean Coudert ; pour Chastcaux : Antoine Malès et François Puybaret ; pour Lissac : Pierre Lacoste-Dupont et Jean-Baptiste Rebière.

et d'Uzerche réduisit les Cahiers des Paroisses en un seul et désigna 29 de ses membres pour présenter le Cahier unique à l'Assemblée du Bas-Limousin qui eut lieu à Tulle le 16 mars (1).

Le Cahier du Tiers-Etat adopté par cette Assemblée fut rédigé par *Brival de la Vialle*, avocat, *de Chiniac*, lieutenant général à Uzerche, *Delort, Latreille de Lavarde, Lachèze, Malès,* avocats, *Malepeyre, Melon de Pradou, Mougein de Saint-Avid, Poisson, Reyjal-Latour, Sartelon,* avocats.

Les délégués procédèrent, en même temps, à l'élection des députés du Tiers-Etat aux Etats-Généraux. Furent élus : *Melon*, lieutenant général ; *Malès*, avocat à Brive ; *Delort de Puymalie*, lieutenant particulier à Uzerche ; *Ludière*, avocat à Tulle, et *Melon*, avocat du roi à Tulle, suppléant.

L'ouverture des Etats-Généraux eut lieu à Versailles le 5 mai 1789. Dès le début, les députés du Tiers-Etat réclamèrent et, par leur attitude énergique, obtinrent que les délibérations fussent prises les Trois-Ordres réunis et que le vote eut lieu par tête et non par ordre, ainsi que cela se pratiquait.

Cette mémorable séance marqua le commencement de la Révolution Française et par conséquent l'aurore du règne de la Liberté et de l'Egalité en France.

---

(1) Le canton de Larche fournit cinq membres à cette assemblée : Malès, Puybaret, de Chasteaux ; Ségeral, de Cublac ; Marchant-Bourieu, de Larche ; Lacoste-Dupont, de Lissac ; Ségeral-Delarue, de Mansac.

SOCIÉTÉS POPULAIRES

Des clubs purement politiques s'ouvrirent aussitôt après la tenue des premières séances des Etats-Généraux, s'autorisant de l'article 2 de la Déclaration des Droits de l'Homme votée le 20 août 1789, et surtout de l'article 62 de la loi municipale du 14 décembre 1789, qui donnait aux « citoyens actifs le droit de se réunir paisiblement et sans armes en assemblées particulières. » Diverses dispositions législatives restreignirent, à plusieurs reprises, le cercle de leur recrutement et limitèrent le champ de leurs opérations, mais ils ne tinrent aucun compte de ces prohibitions et bénéficièrent, d'ailleurs, d'une bienveillante tolérance. C'est ainsi qu'à Paris se fonda la *Société des Amis de la Constitution*, qui prit, après l'abolition de la royauté (21 septembre 1792), le nom de *Société des Jacobins, amis de la Liberté et de l'Égalité*. Cette Société eut, de bonne heure, dans toute la province, dans les villes (à Tulle, dès juin 1790) et dans beaucoup de villages, d'innombrables succursales ou sociétés affiliées, qui toutes correspondaient avec la Société mère, et recevaient d'elle le mot d'ordre. Les sociétés populaires furent supprimées, dans toute la France, par le décret du 6 fructidor an III (23 août 1795). Toutefois certaines d'entre elles parvinrent à se reconstituer après le 18 fructidor an V : le Club de Paris ne fut définitivement fermé qu'au mois d'août 1799 et des sociétés jacobines fonctionnèrent en province, notamment à Toulouse et à Marseille, jusqu'à la mise en vigueur de la Constitution de l'an VIII. Dès leur création, les sociétés populaires prirent la direction du mouvement politique. A cette fin, les clubs des villes commencèrent par mettre la main sur les municipalités d'abord, puis sur le Comité de surveillance.

Dès lors, sous la Convention, la meilleure part du pouvoir leur appartient : ils enquêtent et se renseignent, ils surveillent et dénoncent les menées des aristocrates et des prêtres réfractaires, ils ont l'œil ouvert sur les administrations et contrôlent leurs agents à tous les degrés, ils scrutent le civisme des citoyens et se font les censeurs de leurs principes et de leurs idées. Le club en arrive à être l'un des principaux organes chargés d'appliquer les mesures de salut public et il en prend même souvent l'initiative, il guide les Représentants du peuple dans l'épuration des autorités locales ; enfin, il accentue, par des motions et des adresses énergiques, le mouvement révolutionnaire.

Les sociétés des campagnes, créées sous l'impulsion de la Société populaire du chef-lieu du département ou du district, quelquefois même organisées par ses commissaires délégués, entretenaient avec celle-ci des rapports étroits et continus et, dans les circonstances décisives, agissaient parallèlement sous sa direction.

(D'après Fray-Fournier).

COMITÉS DE SURVEILLANCE

Le 21 mars 1793, la Convention décrète que, dans chaque commune ou section de commune, il serait élu un comité de douze membres chargé de recevoir les déclarations des étrangers en général, et surtout de s'assurer du civisme des étrangers nés dans les pays avec lesquels la République était en guerre. On les appela *Comités de surveillance*. Ceux de Paris s'intitulèrent eux-mêmes *Comités révolutionnaires*. D'avril à septembre 1793, cette institution se transforma. Certains Comités, surtout à Paris, s'attribuèrent des pouvoirs généraux de surveillance policière, non seulement sur les étrangers, mais sur tous les citoyens. Il se forma ainsi, et spontanément, dans des villes ou des départements, des Comités dits de Salut public, dont les uns fonctionnèrent à côté des Comités de surveillance, dont les autres s'y substituèrent ou les englobèrent. Divers décrets et arrêtés supprimèrent, maintinrent ou rétablirent ces Comités. Ceux qui subsistèrent, reçurent, par le décret du 5 septembre 1793, une indemnité quotidienne pour chacun de leurs membres. Enfin la loi du 17 septembre 1793 consacra l'existence de tous ceux de ces Comités qui existaient à cette date et qu'on appela dès lors *Comités révolutionnaires*. Le décret du 14 frimaire an II confia l'application des lois révolutionnaires « aux Comités de surveillance ou révolutionnaires », concurremment avec les municipalités. Dans la pratique, à partir de cette date, ils ne sont plus que rarement élus par le peuple : ce sont les Représentants du peuple, ou parfois même le Comité de Salut public, qui en nomment les membres.

L'institution des Comités révolutionnaires survécut au 9 thermidor, mais avec des modifications presque immédiates. La Convention décréta, le 7 fructidor an II (24 août 1794), qu'il n'y aurait qu'un Comité révolutionnaire par district. Le 1er ventose an III (29 février 1795), elle en réduisit encore le nombre : il n'y en aurait plus que dans les communes d'au moins 50.000 habitants. Ils perdirent le nom de *Comités révolutionnaires* par le décret du 24 prairial suivant (12 juin), qui portait qu'aucune autorité constituée ne pourrait prendre le nom de révolutionnaire. Ils subsistèrent jusqu'à la fin de la Convention, mais il reste peu de traces de leur activité.

(D'après AULARD.)

PLAINTES ET DOLÉANCES DE LA VILLE
ET COMMUNAUTÉ DE LARCHE

EXTRAIT DU PROCÈS-VERBAL DE LA VILLE DE LARCHE

Aujourd'huy, huitième mars mil sept cent quatre vingt neuf, en l'Assemblée convoquée au son de la cloche, en la manière accoutumée, sont comparus en l'auditoire de la présente ville, par-devant nous, M⁰ Pierre René *Marchant*, seigneur de *Bourieux*, avocat en Parlement, juge civil et criminel et gruyer (1) des terres et chatelenies de Larche, Terrasson, Nadaillac et de la seigneurie de Bouch, au duché de Noailles, sieurs Jean-Baptiste *Denoix*, mᵉ en chirurgie, sieur *Minate de Laborderie*, bourgeois, Jean-Baptiste *Barutel*, bourgeois, Bernard *Faure*, sindic collecteur, Antoine *Vilate*, mᵉ maréchal, Martin *Pestourie*, mᵉ menuisier, Jean *Dutel*, mᵉ serurier, sʳ Hippolyte *Loubignac*, mᵉ en chirurgie, Etienne *Bourret*, mᵉ cordonnier, Jean *Lavergne*, Pierre *Tassain*, Jean *Gibertie*, François *Gibertie*, sergent, Jean *Sère*, Hippolyte *Loubignac*, Pierre *Lestrade*, Jean *Périnet*, Jean *Periès*, François *Albert*, Louis *Pestourie*, Jean *Gibertie*, Pierre *Soufron*, Hippolyte *Soufron*, François *Castalane*, Guillaume *Couloumi*, tous habitans de la présente ville de Larche ; Pierre *Soufron*, bourgeois, Jean *Couder*, Jean *Labrousse*, François *Dacher*, Léonard *Delmas*, Jean *Vignal*, André *Durand*, des villages de Bedenat et Puy-Jubert ; François *Sambat*, Jean *Bouyssou*, Jacques *Delbari*,

---

(1) Officier des juridictions forestières.

Jean *Laval*, Bernard *Delmas*, Jean *Verlhac*, Guillaume *Murat*, Joseph *Sanson*, Jean *Lacombe*, bourgeois, Gabriel *Chantalat*, Bernard *Leymarie*, Pierre *Teyssandier*, du village de Rignac ; Pierre *Beylie*, Gabriel *Dautrement*, Etienne *Nicoulaud*, François *Larouquie*, François *Laval*, du village de Dautrement ; François *Gauthier*, du village de Boissière, tous habitans de cette paroisse, composée de soixante feux.

Députés choisis pour porter le Cahier à l'Assemblée de la Sénéchaussée de Brive :

M⁰ Pierre René *Marchant de Bourieux*, avocat en Parlement, sr Jean-Baptiste *Denoix*, sr Hippolyte *Loubignac*, me en chirurgie, et sr Jean Louis *Barutel*, bourgeois, représentants de la ville de Larche ; sr Jean *Lacombe*, bourgeois, et me Jacques *Pomarel*, notaire, représentants les villages formant la paroisse.

La délibération est signée :

DENOIX, BARUTEL, LOUBIGNAC, chirurgien, LABORDERIE, FAURE, GIBERTIE, BOURET, GIBERTIE, SENBLACOMBE, SOUFFRON, VILATE, SEMBAT, ALBERT, MARCHANT, juge, BAYLIE, greffier, POMAREL, procureur d'office.

CAHIER
DES
PLAINTES ET DOLÉANCES DE LA VILLE
ET COMMUNAUTÉ DE LARCHE

Remis à leurs Députés, en exécution des ordres du Roi
et de l'ordonnance de M. le Lieutenant-Général
de la Sénéchaussée du Bas-Limousin
à Brive, le 8e mars 1789

1° Les habitans de ladite ville et communauté se plaignent d'être obérés par les impôts (1). Ce malheur a deux causes : la première, la masse énorme des impositions du royaume assise sur les biens fonds et presqu'en totalité sur les propriétés du Tiers-Etat ; la seconde, la répartition vitieuse des charges publiques faite ordinairement par Généralités, ce qui a fait départir sur le Limousin, païs ingrat et sans aucun commerce, une quotité d'impositions bien au-dessus des revenus et des facultés de cette province.

2° Ils remontrent qu'il est de justice que le Clergé (2) et la Noblesse soient imposés, ainsy que le Tiers-Etat, en proportion de leur revenu, et, par cette raison, les plaignans demandent que les impôts, même ceux des corvées, soient

---

(1) La taille s'élevait en 1784 à 1,324 livres, l'imposition militaire à 665 livres et la capitation à 750 livres. — Note de M. Hugues, archiviste départemental.
(2) Le revenu de la cure de Larche s'élevait à 1,800 livres. — Id.

répartis avec égalité sur les trois ordres, sans aucune franchise ni exemption pécuniaire, sous quelque prétexte que ce soit.

3° Qu'il est avantageux pour le Limousin d'y établir des Etats provinciaux à l'instard de ceux du Dauphiné.

4° Les remontrants demandent que les communautés soient chargées de la faction de leurs rolles et de la levée de leurs impôts, au moins de fraix possibles ; qu'on supprime les huissiers aux tailles et qu'il soit permis au collecteur de se servir pour les contraintes des sergens résidans sur les lieux.

5° Qu'il est convenable que les députés de la province, nommés pour les Etats Généraux, soient autorisés à ne délibérer qu'en trois ordres réunis et que les suffrages soient comptés par tête et non par ordre.

6° Qu'ils ne puissent accorder l'impôt à tems illimité, mais seulement d'une tenue des Etats Généraux à la suivante.

7° Que les Etats Généraux soient convoqués périodiquement et au moins tous les cinq ans.

8° Qu'il soit rendu un compte public et annuel de l'état et de l'emploi des finances.

9° Qu'il soit substitué aux impositions actuelles un genre d'impôt moins onéreux au peuple et susceptible d'être plus facilement reparti sur tous les *ordres*.

10° Que pour épargner aux communautés les dépenses, la perte du tems et le trouble qu'occasionne le tirage du sort trop fréquent, il n'y soit procédé qu'à tems plus éloigné ; que les enfants des gradués, les notables bourgeois et leurs enfans, les fils ainés du laboureur soient exempts du sort ; qu'on y assujettisse tous les domestiques sans distinction de privilégiés et non privilégiés, la plupart d'iceux domestiques abandonnant la culture des fonds pour se mettre au service d'un particulier privilégié qui l'exempte du sort.

11° Que l'on supprime les maitrises, tribunal fort inutile dans le bas païs Limousin (1), éloigné de cinquante lieux de la mer et fort onéreux à tous les propriétaires par les déclarations annuelles qu'ils sont obligés de donner, très lucratives pour les officiers des juges desdites maitrises.

12° Qu'il soit fait un nouveau règlement pour les droits de controlle, moins sujet à interprétation arbitraire des commis, que le domaine ne soit plus juge et partie dans les discussions qui s'élèvent à ce sujet, qu'il soit formé dans la province un tribunal non suspect, ayant la confiance publique, pour juger définitivement les contestations qui auront lieu entre les commis et les particuliers.

13° Qu'on ne soit plus obligé de se servir des parchemins pour les expéditions des actes publics.

14° Lesdits habitans remontrent aussi l'utilité et le bien que procurerait à tous les païs Bas-Limousins et le païs adjacent la navigation de la rivière de Vézère (2) jusqu'à la ville de Brive ou ses approches ; ils demandent que les députés du païs aux Etats-Généraux soient autorisés à faire à cet égard leur réclamation.

15° Que les chemins qui servent de communication pour les bourgs et parroisses soient rendus praticables et que

---

(1) L'édit de création d'une maîtrise particulière des Eaux et Forêts à Brive, dépendante de la Grande Maîtrise du Poitou, est de 1756. Elle était composée d'un maître particulier, d'un lieutenant, d'un procureur, d'un garde-marteau, d'un greffier, d'un receveur particulier, de deux huissiers-audienciers, d'un garde général collecteur des amendes, de deux arpenteurs, et d'un certain nombre de sergents ou gardes-particuliers. — Le maître particulier avait un traitement de 3.000 livres, le lieutenant de 2.000 livres et le procureur de 2.000 livres, plus un droit à percevoir sur la vente des bois. — Id.

(2) Un projet en ce sens avait été proposé en 1606 et Henri IV avait donné des lettres patentes pour en permettre l'exécution, qui fut commencée sous son règne, puis abandonnée pendant la minorité de son successeur. Ce même projet ayant été proposé en 1682, un arrêt du Conseil d'Etat ordonna la levée d'une imposition de 120.000 livres sur les deux Elections de Brive et de Sarlat, imposition qui fut payée réellement, mais probablement employée à des besoins d'Etat plus pressants.
En 1752, le sieur Polard, ingénieur de la province du Limousin, fut chargé de la mission de visiter le cours de la Vézère et son mémoire conclût à la possibilité de l'exécution du projet. Enfin, sur le rapport favorable de l'Ingénieur en chef, Trésaguet, la municipalité de Brive adressa une requête à l'Intendant de la Généralité, pour appeler son attention sur l'interêt capital de la navigation de la Vézère pour le Bas-Limousin et la Dordogne. — Id.

les sommes que paieront les Communautés pour la construction desdits chemins soient principalement employés pour ceux qui leur seront utiles et pourront leur procurer quelque avantage.

16º Que les jugements rendus par les premiers juges (1) soient définitifs jusqu'à la somme de cinquante livres, les frais frustatoires des appellations excédant toujours ladite somme.

17° Que les arrérages (2) de rentes foncières et directes se prescrivent par le délai de cinq ans, comme font les rentes constituées.

Signé : Denoix, Barutel, Loubignac, chirurgien, Faure, Laborderie, Bouret, Gibertie, Semblacombe, Souffron, Vilate, Gibertie, Sambat, Gibertie, Albert, Pomarel, procureur d'office, Marchant, juge (3).

---

(1) Ou sénéchaux, dont la compétence s'étendait aux causes personnelles n'excédant pas 40 livres et avec appel au présidial. — Id.

(2) Les rentes foncières arrérageaient à 30 ans, même si la rente n'avait pas été servie pendant deux ou trois siècles, le fonds étant imprescriptible. — Id.

(3) Au dos du manuscrit, on lit la note suivante : « Les députés de Larche furent réduits de six à quatre, mais M. le Procureur convint qu'on aurait pu laisser les six, mais qu'attendu que Brive avait interprêté le règlement différamment de nous, il falloit les réduire à quatre, pour ne pas faire de disparité ; à une autre convocation des Etats-généraux, il faudra consulter cet article. » — Id.

REGISTRE
DE LA
SOCIÉTÉ POPULAIRE du CANTON de LARCHE
ET PAROISSES CIRCONVOISINES (1)

Séance du 9 Juin 1793

Plusieurs patriotes du canton de Larche (2) et de la par^{sse} de Lafeuillade, contigue aud. Larche, ayant été invités par des lettres-circulaires à se rendre dans cette ville pour délibérer sur les dangers qui menacent la Patrie, l'Assemblée a eu lieu cejourd'hui, neuvième juin mil sept cent quatre vingt treize, l'an second de la République Française, dans une des salles du ci devant chateau de cette ville ; pour procéder, les membres assemblés ont délibéré de former provisoirement un Bureau ; en conséquence, le citoyen Jean-Joseph *Marchant*, maire de St-Pantaléon, a été nommé par acclamation président et les citoyens *Touzi* et *Chaumel* ont été nommés, aussi par acclamation, secrétaires provisoires de l'Assemblée.

L'Assemblée ainsi formée, le citoyen *Marchant-Bourieu*, juge de paix du canton, a demandé la parole au Président, et a prononcé un discour sur les motifs du présent rassemblement.

Lorsque ce membre a eu fini de parler l'Assemblée a unanimement délibéré que son discours serait transcrit sur le registre de la Société à la suite du procès verbal de cette séance.

---

(1) Reproduction textuelle. — Rédaction et orthographe respectées.
(2) Les paroisses de Chasteaux et de Lissac dépendaient à cette époque du canton de Brive.

Il a été ensuite délibéré par l'Assemblée de se former en Société Populaire ; en conséquence, pour se conformer aux loix sur l'établissement des Sociétés, l'Assemblée a délibéré de faire dans l'instant sa déclaration au greffe de la municipalité de la présente commune chef-lieu du canton, ce qui a été exécuté et la déclaration dont la teneur s'ensuit a été transcrite sur le registre de lad. municipalité en présence du citoyen Barthélemi *Pecon*, maire, d'un autre officier municipal et du greffier.

Copie de la déclaration faite par les membres de la présente Société sur les Registres de la municipalité de Larche :

Aujourd'hui neuvième juin 1793, l'an 2 de la R. F., se sont présenté au greffe de la présente municipalité les citoyens soussignés, lesquels ont déclaré être dans l'intention de former une Société populaire qui tiendra ses séances dans une des salles du ci devant chateau de cette ville chaque jour de dimanche, à une heure après midi, déclarent pareillement qu'ils admettront dans leur dite Société plusieurs autres Membres connus par leur patriotisme et leur attachement à la Révolution, a raison de quoi, faire la présente soumission pour se conformer aux lois et ont signé, ainsi signé : *Denoix, Marchant-Bourieu, Albert, Barutel, Chantalat, Blusson, Loubignac, Granger, Serre, D'heur, Dutel, Portery, Bouret, Loubignac, Castanet, Gibertie, Goursat, Crémoux, Marchant, Thouzi, Lavergne, Sautet, Chantalat, Ségeral, Chaumont, Ségeral, Lavergne* Thomas, *Veysset, Souffron* aîné, *Laffon*, Hippolite *Loubignac*, Hugues *Chanordie*, Pierre *Sage, Couloumi, Albié, Lasserre, Laval, Mathou, Vedrenne* des Nicoux, *Bosche* de Granges, *Vermeil, Ligonal, Jaubertie, Laroche* de Malegrèze, *Gauchet* chirurgien, *Laroche-Bernissou, Laroche* jeune, *Lafont* du Peyroulet, *Coudert* de Malegrèze, *Coursenait.*

Apprès avoir fait la susd. déclaration, l'Assemblée s'est établie en Société populaire composée de cultivateurs et agriculteurs des communes qui composent le canton de

Larche et par[sses] circonvoisines, il a été délibéré que les citoyens *Thousy* et *Marchant-Bourieu* demeureroient chargés de lui présenter un projet de règlement qui seroit discuté dans la séance qui auroit lieu à cet effet le vingt quatre de ce mois, et lesd. *Thousy* et *Marchant* ont été nommés à cette fin Commissaires par l'Assemblée.

L'Assemblée a délibéré de s'abonner pour le « *Moniteur* » qui seroit addressé au Président de la Société, déposé dans la salle des séances où tous les membres de la Société pourroient en prendre connaissance sans déplacer, led. citoyen *Bourieu* a été chargé par l'Assemblée de faire l'abonnement de lad[e] feuille pour l'envoi en être fait à la Société à compter du premier juillet prochain et pour trois mois.

Il a été pareillement délibéré que le Président écriroit ou feroit écrire au maire de Cublat pour lui faire part de l'établissement de la Société et l'inviter à présenter les patriotes de sa commune.

Signé : Touzi, Marchant président.

S'ensuit la coppie du discours prononcé par le citoyen Bourieu, membre de la Société :

« Citoyens,

» Les dangers pressants qui nous menacent, les attaques combinées des ennemis de l'intérieur et de l'extérieur, la guerre civile qui nous consomme dans une partie considérable de la République, les haines, les dissentions, les vengeances, les passions enfin qui font mouvoir les hommes et qui, sous le prétexte du bien général, conduisent toujours à des intérêts partiels, toutes ces causes réunies doivent engager les vrais patriotes, les vrais amis de la République, à se réunir, à se former en masse pour résister aux attaques de nos ennemis communs.

» Vous ne doutés pas, Citoyens, que les ennemis de la Révolution et de la Liberté ne soient les vôtres. Votre patriotisme est un crime à leurs yeux. Mais quels que soient leurs desseins sinistres, votre réunion, l'accord que vous mettrés dans vos mesures, vous préservera des pièges que l'on voudroit vous tendre et rendra vains tous les efforts des liberticides.

» C'est dans les vües d'opérer cette réunion, que des patriotes ont proposé d'établir dans ce canton une Société populaire où seroient admis les habitans des cantons voisins, même ceux d'un district étranger, connus par leur civisme. Tels sont les motifs des billets d'invitation que vous avés reçus.

» Apprès avoir rempli les formalités prescrites par les loix, vous procéderés à votre organisation de la manière que vous croirés la plus avantageuse, la plus commode et la moins dispendieuse pour les Membres qui composent la Société et ceux que vous admettrés parmi vous.

» Vous décidérés quel doit être le lieu, le jour et l'heure des rassemblements, le mode le plus actif et le plus prompt pour convoquer tous les membres en cas d'événement extraordinaire.

» Vous déterminerés aussi le mode à employer pour la nomination des officiers de l'Assemblée, la tenue des registres des délibérations, la présentation et l'admission des citoyens qui désireroient et demanderoient à entrer dans la Société.

» Nous avons, Citoyens, à nous féliciter d'habiter un canton où le patriotisme, généralement répandu, nous laisse, pour ainsi dire, sans crainte sur les intrigues du petit nombre de mécontents qui pourroient exister parmi nous.

» Notre Société ne comprendra presque que des cultivateurs et des agriculteurs attachés habituellement à la culture des champs, et cette classe d'hommes compose, à un très petit nombre d'individus près, toute la population des communes qui nous avoisinent.

» L'amour de la Liberté a fait chés nous les plus grands progrès et nous sommes animés du patriotisme le plus pur ; mais nous ne sommes pas, nous pouvons en convenir, à la hauteur de l'énergie et des vertus républicaines, un reste de rouille entrave notre marche et nous avons une peine extrême à nous défaire des anciens préjugés.

» Notre réunion en société pourra nous fournir les moyens de parvenir plus promptement au terme désiré ; le concours des lumières de tous les membres rassemblés, les discussions qui auront lieu, la lecture publique des papiers, nouvelles et des discours politiques les plus intéressants, l'explication des décrets et des articles constitutionnels, ce seront autant de moyens opposés à l'ignorance et au fanatisme qui fait faire au peuple de fausses démarches, entretien chés lui l'esprit de méfiance et lui fait méconnaitre la Vérité et ses vrais intérêts.

» Ce seront autant de moyens qui serviront à l'éclairer, à le fortifier dans les vrais principes de la Liberté et à le mettre au niveau de la Révolution.

» Ce seront enfin autant de moyens qui serviront à encourager et à diriger dans leur marche les municipalités quelques fois chancelantes ; à échauffer et fortifier le patriotisme, à défendre les patriotes qui gémiroient sous le poids de l'oppression et qui seroient les victimes des passions haineuses et d'une atroce vengeance ; à protéger, sans exception, toutes les personnes injustement attaquées et à établir une surveillance active sur les patriotes masqués et les gens suspects qui pourraient se glisser parmi nous.

» Vous apprendrés également à ce peuple, qui ne demande qu'à connoître la vérité, (et je finirai, citoyen, par cette observation) que sa liberté et son bonheur sont inséparables du respect qui est dû aux personnes et aux propriétés, que le succès de la Révolution dépend de l'observation rigoureuse de ce principe ; que le brigandage, l'anarchie et l'arbitraire entrainent toujours à leur suite une série de maux incalculables et conduisent promptement au despotisme. »

Signés : MARCHANT, président
TOUZI, s^{re}

Séance du 24 Juin 1793

L'Assemblée formée sous la présidence dud. citoyen *Marchant*, président provisoire, elle s'est occupée de la lecture du buletin de la Convention nationale et d'autres feuilles publiques.

Le citoyen *Denoix*, un des membres, a ensuite instruit l'Assemblée qu'à la prière du président, il avoit écrit une lettre d'invitation au citoyen *Brossard*, maire de Cublat, de se rendre à la Société cejourd'huy et d'y présenter les patriotes reconnus de la commune de Cublat ; il a ajouté qu'il est instruit que led. *Brossard* a reçu sa lettre, mais qu'il ne l'a communiquée qu'à un ou deux individus de la commune de Cublat qui ont jugé à propos de n'en pas parler et de tenir cette lettre secrète.

Sur quoi, la présente Assemblée a délibéré qu'il seroit pris telles mesures ultérieures qu'elle aviseroit dans une de ses prochaines séances pour l'invitation à faire aux patriotes de la commune de Cublat.

Le citoyen *Marchant-Bourieu* a instruit l'Assemblée que, pour remplir son vœu, il avoit formé au bureau de Brive, au nom de la Société, un abonnement de trois mois pour la feuille connue sous le nom de « *Gazette nationale ou le Moniteur* », que la Société recevroit régulièrement cette feuille à compter du premier du mois de juillet prochain.

L'Assemblée a arrêté que les membres du bureau feroient incessamment une expédition en forme de sa formation en « *Société populaire* », laquelle expédition seroit de suite remise au Secrétaire du district de Brive avec réquisition d'addresser régulièrement à la Société les buletins de la Convention nationale.

Les citoyens *Marchant-Bourieu* et *Thouzi* ont instruit la Société que, pour se conformer à la Commission qui leur avoit été donnée, ils se sont occupés de la rédaction des articles du projet de règlement de la Société ; ils ont demandé qu'il leur fut permis de faire lecture du travail qu'ils ont fait à ce sujet, pour être discuté par les membres de la Société et ensuite arrêté dans les formes qu'elle avisera.

L'assemblée a unanimement délibéré que lesd. Commissaires feroient tout présentement lecture de leur travail lequel seroit soumis à la discussion et que les articles en seroient ensuite arrêtés à la majorité des voix.

Lesd. Commissaires se conformant au vœu de la Société, led. *Thouzy*, l'un d'eux, a prononcé le discour préliminaire aud. règlement dont la teneur s'ensuit :

« Le salut du Peuple est la supreme loi.

» Le Cultivateur, cette portion de l'humanité si chère et si utile, ne peut se sauver lui meme par ses propres forces et sa bonne volonté seule ; il lui manque les lumières et la connaissance des choses. Son salut git uniquement dans l'instruction. La seule véritable qui lui convient consiste à lui inspirer l'amour de la Patrie, à le porter aux plus grands sacrifices envers elle, à l'exécution des loix, au maintien de la République une et indivisible, de la Liberté et de l'Egalité, au respect inviolable des personnes et des propriétés.

» Occupé du soin de ses travaux, le cultivateur a besoin que quelqu'un veille pour lui, qu'on le garantisse des informations perfides et trompeuses des malveillans qui l'entourent, qu'on lui fasse éviter les pièges que peuvent lui tendre des hommes liberticides ; il a besoin surtout qu'on lui apprenne à distinguer le vrai patriote d'avec le faux, à se méfier de ces hommes masqués qui, sous le voile du patriotisme, cherchent à servir leurs passions haineuses, leur vengeance, leur animosité et leur ambition : unique ressource employée pour inspirer la haine de la Révolution, le mépris des loix nouvelles et nous replonger dans le plus dur esclavage. C'est sur ces principes, c'est dans les vües de les propager et de prévenir les dangers d'une guerre intérieure qui menace de toutes parts, que les membres de cette Société ont formé une Société libre et composée des vrais amis de la République dans le présent canton et autres communes voisines et ont adopté les articles de règlement qui seront transcrits sur le registre de la Société ».

Le citoyen *Marchant*, juge de paix, apprès avoir obtenu la parole du président, a commencé la lecture dud. règlement comme s'ensuit :

« Aujourd'hui, 24 Juin 1793, l'an 2 de la République françoise, une et indivisible, la *Société des amis de l'Egalité et Liberté et des amis de la République, une et indivisible, du canton de Larche* et communes voisines, rassemblée dans une des salles du ci-devant chateau de Larche, lieu ordinaire de ses séances, considérant que les grands événements qui agitent le monde, la lutte terrible d'un peuple qui a brisé ses fers contre des esclaves qui veulent le remettre sous le joug, la nouvelle forme de gouvernement républicain que le peuple libre travaille et est sur le point de se donner, présentent à son examen les choses de la plus haute importance.

» Considérant que le but de toutes les Sociétés populaires est d'éclairer le peuple, de le mettre à la hauteur des principes républicains, d'élever son âme, lui faire sentir sa force et sa dignité, de diriger en même tems son opinion sur tout ce qui peut faire son bonheur et celui de l'humanité et de tout le peuple en général, a arrêté, pour préparer des développements aussi majeurs, de s'imposer à elle-même des règlements qui puissent la conduire à la fin qu'elle se propose et la mettre au niveau des grands sujets qu'elle a le droit de discuter. En conséquence, d'après la plus mure délibération, elle a adopté le règlement qui suit :

Du mode de réception des membres de la Société :

Article. 1er. — Il ne sera reçu dans la Société que des citoyens connus par leur patriotisme éprouvé.

Art. 2. — Pour être admis, le citoyen sera présenté par un membre ; la présentation sera appuyée par deux autres ; huit jours apprès le scrutin aura lieu, par fèves blanches et noires, pour savoir si le candidat sera admis ou rejetté, le tout à la majorité absolue des suffrages.

Art. 3. — Chaque Citoyen admis prêtera le serment de maintenir l'Egalité, la Liberté et la République une et indivisible, par tous les moyens qui seront en luy.

Des Officiers de la Société :

Article 1er. — Il y aura un président, un vice-président, deux secrétaires et deux censeurs. Le président et les secrétaires seront nommés par appel nominal et le vote à haute voix et à la majorité absolue des suffrages; ils seront renouvelés le premier dimanche de chaque mois et ne pourront être réélus qu'apprès l'intervalle d'un mois.

Les deux censeurs seront choisis par le bureau et renouvelés tous les mois ; leurs fonctions seront de maintenir le bon ordre et le silence dans la Société, de rappeller à l'ordre, même de censurer ceux qui ne défèreront pas à leurs avertissements.

De la police et de l'ordre des discussions dans l'Assemblée :

Article 1er. — Nul ne pourra parler sans avoir demandé et obtenu la parole du président, celui qui aura la parole s'abstiendra, dans ses discours, de toutes personnalités et termes injurieux ; le président lui retirera la parole s'il s'en écarte et les censeurs le ramèneront à l'ordre.

Art. 2. — Chaque membre gardera le silence et ne pourra interrompre l'orateur.

Art. 3. — Si deux se levoient à la fois pour parler, le président décidera qui doit avoir la parole si tous les deux l'avoient obtenue.

Des fonctions du Président et des Secrétaires :

Article 1er. — Le président seul résumera les motions, les réduira à une proposition simple, ouvrira la discussion et prendra la résolution ; par assis et levé tout sera arrêté à la majorité des votants.

Art. 2. - Les secrétaires seront chargés de la rédaction des procès verbaux, de la lecture des papiers, nouvelles et de tenir la correspondance.

De la tenue des séances :

Article 1er. — Les séances ordinaires se tiendront tous les dimanches apprès midi ; elles seront publiques, les auditeurs ne pourront troubler l'ordre mais ils pourront, en obtenant la permission du président, faire à un membre de la Société des observations qui seront ensuite communiquées à l'Assemblée.

Art. 2. -- Il pourra être convoqué par le président des séances extraordinaires toutes les fois que l'intérêt public ou celui de la Société l'exigera ; cette convocation pourra aussi être faite par le vice président.

Art. 3. — Chaque séance sera ouverte par la lecture du procès verbal de la séance précédente, on passera ensuite à la lecture des feuilles publiques et à la discussion.

Art. 4. -- Il sera fait un fond pour subvenir aux frais de bureau et abonnement des feuilles. Chaque membre donnera en entrant vingt sous au moins ; un des secrétaires sera thrésaurier.

Art. 5. — Tout Sociétaire qui laissera passer trois mois sans se présenter à la Société, sera rayé du tableau s'il n'a des excuses légitimes.

L'Assemblée a délibéré de s'occuper de la nomination d'un président et des secrétaires, l'appel nominal a été fait et les voix recensées, le citoyen *Marchant-Bourieu*, ayant la majorité des voix, a été proclamé président, et........ .... ayant eu une pareille majorité ont été nommés secrétaires et ont, en leur dite qualité les membres susd. pris place au bureau.

(Pas de signatures.)

Séance du 29 Juillet 1793

La Société formée et assemblée, le président a ouvert la séance, lecture a été faite du procès verbal de la séance précédente et du règlement qui a été approuvé dans tout son contenu ; un des secrétaires a fait ensuite lecture des nouvelles publiques.

Cette lecture achevée, un membre de la Société a représenté et demandé qu'il fut fait lecture du décret de la Convention du 19 de ce mois qui invite les Sociétés populaires à lui addresser les procès verbaux d'acceptation de la Constitution. En conséquence l'Assemblée a de suite unanimement délibéré d'addresser au président de la Convention le procès verbal d'acceptation unanime de la Constitution faite, cejourd'hui, par les habitants du présent canton à cette fin convoqués.

L'Assemblée s'est ensuite occupée de la nomination de ses officiers et du renouvellement du bureau ; il a été procédé de la manière prescrite par le règlement. Recensement fait des voix, le citoyen *Denoix* a été élu président et les citoyens *Blusson* et *Chantalat* ont été élus secrétaires et ont, les membres susd., pris leur place au bureau.

(Pas de signatures).

Séance du 1ᵉʳ Septembre 1793

Le procès verbal de la séance précédente a été lu, on a ensuite entendu les nouvelles publiques ; plusieurs membres se sont présentés et d'autres reçus par la voie du scrutin.

L'Assemblée a délibéré qu'il seroit fait un tableau de tous les sociétaires, lequel tableau seroit affiché sur les murs de la salle et transcrit sur le présent registre.

Un membre de l'Assemblée a pris la parole et a dit que c'étoit aujourd'hui que devait avoir lieu la brulure des titres féodaux, en exécution de l'arrêté du département dont il fait la lecture, lequel statue qu'un commissaire, nommé par le département, se rendra dans chaque chef lieu de canton pour assister à l'incinération des susd. titres qui doivent être apportés par les municipalités auxquelles ils auront été remis par les propriétaires ou detempteurs ; qu'en conséquence toutes les municipalités du canton se sont rendues et ont apporté des titres pour les réduire en cendres, que le commissaire qui a dû être nommé par le département pour assister et présider la dite opération n'est pas encore arrivé, que l'opinant demande que les municipalités du canton qui se trouvent dans la présente ville soient invitées à se rendre à l'Assemblée pour délibérer, avec les membres de la Société, sur le parti qu'il convient de prendre relativement aux susd. titres.

La chose mise en délibération, l'Assemblée a unanimement adopté la proposition à elle faite ; en conséquence l'invitation a été faite aux maires et officiers municipaux des communes du canton qui se trouvent ici présants dans cette ville de se rendre à la séance, ce qui a été exécuté.

L'Assemblée ainsi formée, elle a pris en considération s'il convenoit de faire bruler les titres remis et apportés ou s'il n'étoit pas plus convenable de dresser procès verbal de l'état des choses, de l'envoyer au département et d'attendre l'arrivée du commissaire qui a du être nommé, pour mettre en cendres les susd. titres au jour qui sera par lui indiqué.

Plusieurs membres ont observé que ce dernier parti étoit le plus prudent et le meilleur ; que le vœu de la loi et de l'arrêté du département qui prescrit la remise des titres ci devant seigneurs et leur brulement au chef lieu de chaque canton, n'avoit pas été parfaitement rempli ; que plusieurs propriétaires et détempteurs desd. titres ne les avoient encore remis à leurs municipalités respectives, que les officiers municipaux eux mêmes n'avoient pas eu un tems suffisant pour les recueillir et faire aux possesseurs ou dépositaires les réquisitions convenables de les remettre.

La chose ayant été suffisament discuté, il a été délibéré, a la très grande majorité des voix, que le brulement des titres, apportés par les membres des municipalités ici présents, n'auroit pas lieu cejourd'hui, qu'on attendroit l'arrivée du commissaire nommé par le département pour bruler les susd. titres en sa présence, que led. commissaire feroit savoir à l'avance aux municipalités le jour auquel il se transporteroit dans la présente ville, que dici à cette époque toutes les municipalités feroient toutes les diligences convenables pour recueillir tous les titres qui sont dans leur territoire respectif, qu'il seroit fait aux particuliers qui en ont des réquisitions de les remettre, que ceux qui seroient récalcitrants seroient dénoncés, pour être pris, à leur égard, les mesures qu'il conviendroit, qu'il seroit, de tout ce dessus, dressé procès verbal par la présente Assemblée lequel seroit envoyé au département pour nommer le commissaire en exécution de son arrêté.

(Pas de signatures.)

Séance du 13 Octobre 1793
2 de la R. F. une et indivisible

Après la lecture des procès-verbaux des séances précédentes, la présante Assemblée a mis à la discussion les mesures à prendre pour accélérer l'exécution du décret de la Convention qui ordonne l'arrestation des aristocrates et gens suspects d'opinions contrerévolutionaires.

Il a été observé qu'il parroissoit que, dans l'étendue du présant canton, les municipalités n'avoient pas encore rempli les mesures prescrites par la loi et n'avoient pas établi de Comité de surveillance, que les loix et les circonstances présentes exigeoient d'en former un. La proposition mise en délibération, il a été unanimement arrêté qu'il seroit pris, parmi les membres de la Société, trois citoyens d'un patriotisme pur et reconnu pour chacune des communes qui composent la dite Société, lesquels formeroit un Commité de Salut public et se reuniroient, à la séance prochaine, pour faire un raport général des observations et connoissances qu'ils pouroient avoir acquises contre des citoyens regardés comme suspects. En conséquence, pour la commune de Larche il a été nommé les citoyens : *Denoix, Bourieux, Barutel* aîné ; pour Mensac : *Chaumeil, Chaumon, Lasvergnas* ; Chartrier : *Collier, Castanet, Pourchet* ; pour Férières : *Dur, Reinal, Torisson* ; pour Saint-Cernin : *Lafon* du Peiroulet, *Gauchet*, chirurgien, *La Roche* de Mallegrèze ; pour Saint-Pantaléon : *Lavergne, Chantala, Thouzi* ; Lafeuillade : *Granger* et *Chantala*.

Ensuite le bureau a été renouvelé : Le citoyen *Touzi* a été nommé président, et secrétaires les citoyens *Denoix, La Roche-Jouvet*.

Le président ayant prit le fauteuil, il a été présenté à la Société plusieurs candidats dont l'admission a été renvoyé à la séance prochaine.

Le citoyen *Courcenait*, membre de la Société de Brive, a été agrégé et la séance levée.

Signé : Touzi, président.

Séance du dernier jour de la troizième décade du premier mois de l'an second de la République. — [30 Vendémiaire an 2 — 22 octobre 1793].

Le procès-verbal de la séance dernière a été lu et approuvé ; on a fait lecture et expliqué le d^{er} arrêté rendu le ..... du mois par le département, pour les subsistances. Cette lecture a porté un membre à proposer si les municipalités pouvaient prendre un arrêté pour requérir les citoyens qui ont pour plusieurs mois de grains, d'en délivrer aux citoyens qui ne pouvaient en trouver au marché et qui seraient exposés à manquer de pain. La matière mise en délibération, il a été délibéré que, dans un moment aussi critique et des circonstances aussi impérieuses que celles où se trouve le peuple dont le salut est la supreme loi, les municipalités qui prendraient de tels arrêtés provisoirement, jusqu'à ce que les marchés fussent assez abondans, étaient très louables, que les Corps administratifs ne pourraient qu'aplaudir à leur zèle et sagesse.

Sur la proposition d'un membre, il a été arrêté qu'il serait fait, par la Société et les communes du canton, une adresse au Ministre de l'Intérieur par laquelle on luy exposerait le grand besoin de subsistance du district de Brive et notament de notre canton, et on l'inviterait à nous faire parvenir des grains le plus promptement possible ou à nous indiquer où en prendre.

Un autre membre a fait la motion de faire démolir le mur de séparation dans la sale de nos séances afin de l'agrandir et la rendre plus commode. Cette proposition a été adoptée avec cet amendement que l'agent de la maison Noaille, à qui appartient la salle, serait prévenu avant la démolition et que la Société fairoit reconstruire à ses frais le dit mur si, dans les temps, le propriétaire l'exigeait.

Sur la présentation qui a été faitte de plusieurs citoyens pour être admis membres de la Société, un frère a fait la motion que s'il se présentait, pour être reçu, quelque citoyen qui eut été compris dans l'emprunt forcé que le département avait arrêté pour l'armement et équipement d'une forte armée dite départementale, la conduite du candidat serait examinée et qu'il serait pris des renseignements sur son patriotisme par le Comité de surveillance qui serait tenu d'en faire le raport, ensuite la Société délibérant sur l'admission ou non admission. Cette proposition a été unanimement adoptée.

Les citoyens *Bruchard*, *Dutheil*, *Bergeron* de Mansac et *Froydefon* de Brignac, nous ayant fait présenter leurs Certificats de civisme (1) pour être visés par la Société confor-

---

(1) Reproduction d'un Certificat de civisme délivré au sieur Grangé, membre de la Société « Les Amis de la République », de Larche.

mément à la loy, un membre a observé qu'il conviendrait préalablement que les membres présents qui composent le Comité de surveillance se réunissent dans un lieu seuls, pour délibérer entre eux sur le mérite des Certificats présentés et ceux qui pourront l'être à l'avenir et qu'après avoir fait leur raport, la Société se trouvant mieux instruite, prendrait tel parti qu'elle jugerait à propos.

Document communiqué par M. Emile Jaubertie, propriétaire à Larche :

DÉPARTEMENT DE LA DORDOGNE
DISTRICT DE MONTIGNAC
Canton de Terrasson

Commune de Lafeuillade

Le Conseil général de la commune de Lafeuillade atteste à tous ceux qu'il appartiendra, que depuis l'heureuse aurore de la Révolution, le républicain François Grangé, aubergiste et habitant de cette commune, âgé d'environ quarante-trois ans, taille cinq pieds deux pouces, visage presque rond et coloré, yeux bleus, nez bien fait et rouge, menton rond, bouche moyenne, le visage assez fourni de barbe, les cheveux presque gris, a marqué tous les instans du règne de la liberté par les signes les plus caractéristiques du républicanisme : car il a toujours été et est encore membre du Conseil, désintéressé, dévoué à la chose publique, ennemi implacable des prêtres et rois et de leurs suppôts, ami sincère de l'égalité, de la liberté et de la fraternité, en un mot cultivateur zélé de toutes les vertus républicaines.

En conséquence le Conseil lui délivre le présent Certificat de civisme, de bonnes mœurs en la maison commune de Lafeuillade, le 18 frimaire, an troisième de la République une et indivisible.

Le Conseil déclare n'avoir pas de cachet pour y apposer.

Ont signé : LAVAL, maire, SERRE, off. m., SUAUD, off. m., VERLIAC, notab., JAUBERT, notab., CHANTALA, agent national, RUPIN, secrétaire.

Vu et approuvé par nous, administrateurs du district de Montignac, département de la Dordogne.

A Montignac, ce 1er nivose, 3e année républicaine.

Ont signé : LIMOGES, av., DUJARRIC, VERGNIAUD, secrétaire général.

(Cachet du district de Montignac en cire rouge).

Cette observation, réduite en proposition, a été mise en délibération et unanimement acceptée.

En conséquence, les membres du Comité de surveillance qui se sont trouvé présens se sont réunis à l'écart. Après avoir délibéré sur le mérite des Certificats cy dessus, leur raport fait, la Société a admis celui des citoyens *Bruchard* et *Dutheil* qui ont été visés par le président et secrétaires. Celui de *Bergeron* n'a pas été admis au visa, quant à présent ; quant au citoyen *Froidefon*, attendu qu'il n'est point de notre canton, que nous n'avons pas des connaissances assez grandes sur son patriotisme, il a été arrêté que *Touzi* et *Chaumel* se transporteraient, un jour de la semaine, dans la commune de Brignac pour prendre des renseignements sur le civisme et incivisme du dit *Froidefon*, qu'ils n'entendraient que de bons républicains et sans culottes et qu'ils rendraient compte des résultats de leur mission à la séance de dimanche prochain.

Le citoyen maire de St-Pantaléon a dit que plusieurs citoyens de la commune avaient demandé des Certificats de civisme et que le Conseil général avoit envoyé toutes les observations au Comité de Surveillance de Brive, sur l'invitation, par lettre de ce Comité, relativement à la conduite des citoyens de la commune qui peuvent être dans le cas de la loy et regardés comme suspecs.

Un membre a observé que c'était aujourd'hui que le Comité de surveillance établi par la Société devait se réunir et faire le raport de ses découvertes ; il a été répondu par un autre que plusieurs membres étaient absens et par un troisième qu'encore il n'avait pas assez de renseignements. En conséquence le raport a été renvoyé à la séance prochaine.

Signé : Touzi, président.

Séance tenue le 6ᵉ jour de la 1ʳᵉ décade (du 2ᵉ mois) de la 2 année de Rép. une et indivisible [6 Brumaire an 2. — 28 octobre 1793.]

Il a été fait lecture du procès verbal de la séance précédente par un des secrétaires de l'Assemblée ; les délibérations y contenues ont été approuvées.

La lecture des feuilles publiques achevée, un membre de l'Assemblée a observé que la présente Société est composée d'un assez grand nombre de patriotes habitants du présent canton et communes voisines, que les membres qui la composent sont des cultivateurs et agriculteurs dont le rassemblement ne peut avoir lieu que les jours chommés à cause de leurs ocupations journalières aux travaux de la terre, qu'il devient absolument intéressant, pour la Société, de s'environer de plus de lumières possibles et de chercher à s'affilier avec d'autres Sociétés reconnues depuis longtemps par leur patriotisme, que les relations que nous avons habituellement avec les habitants de la ville de Brive, l'amour de la Liberté qui a toujours distingué ses citoyens, les vrais principes du républicanisme qui sont professés dans la Société des Amis de la République qui s'y trouve organisée depuis l'époque de la Révolution, doit nous faire rechercher avec le plus grand empressement, d'être affillés avec les membres qui la composent ; qu'en conséquence, il fait la motion qu'il soit nommé des Commissaires qui se transporteront à Brive dans le plus court délay, se présenteront à la Société de cette ville et fairont les démarches convenables pour effectuer l'affillation projettée.

La proposition, mise en délibération, a été unanimement acceptée par les membres de l'Assemblée. En conséquence les citoyens Pierre *Marchant* et Jean-Baptiste *Denoix*, sociétaires, ont été nommés pour remplir le vœu de la présente Société et effectuer l'affillation désirée. Il a été arrêté que les deux Commissaires nommés fairont dimanche prochain le rapport à l'Assemblée sur ce qui fait l'objet de leur mission.

Il a été ensuite proposé et l'Assemblée a arrêté qu'il seroit fait un tableau, par ordre alphabétique, des membres de la Société, lequel seroit transcrit au présent procès verbal et affiché dans la salle des séances.

Signé : Touzi, président.

Liste des Membres qui composent la « *Société des Amis de la République* » du canton de Larche et parroisses voisines, par ordre alphabétique :

NOMS DES SOCIÉTAIRES	LEURS DOMICILES
A	
François Albert	Larche.
Albié	Lafeuillade.
B	
Blusson	Larche.
Bouret	Larche.
Barutel, aîné	Larche.
Barutel, cadet	Larche.
Bosche	Grange.
Barutel	Le Seui.
Bergeron, fils	Mansac.
Jean Brousse	Larche.
Pierre Bourjade	Mansac.
François Berjal	»
Jean Brival	Puimaurel.
Antoine Brossard	Lavalette.
Jean Bourjade, fils	Labesse.
Pierre Brousse	Gumond.
Pierre Bouyssou	La Jarousse.
François Boudi	Gumont.
C	
Courniol	Labesse.
Chanourdie	Lestrade.
Chaumel	Le Jary.
Chaumont	Barde.

NOMS DES SOCIÉTAIRES	LEURS DOMICILES
Hippolyte Chantalat	Vineviale.
Couloumi	Vineviale.
Coulié	Le Coudonnet.
Castanet	La Borderie.
Chabannes	Le Champ de Dalon
Cremoux	Ferrières.
Chanourdie	Cous.
Couloumi	Gumond.
Chantalat aîné	La Seille.
Courcenai	Brive.
Jean Coudert	Malegrèze.
Arnaud Chaumont, cadet	Barde.
Chantalat, père	Laroche.
Chatemiche	Larche.

D

Dutel	Larche.
Denoix	Larche.
Deprat	Granges.
Devier	Fournet.
Delfour	Goine.
François Denoix	Crouset.
Pierre Delpeuch	Larche.
François Duran	Larche.
François Deur dit des Ages	Ferrières.
Dufour	Chartriers.
Denoix, fils	Lagorse à Cublac.
Guinot Delmas	Puijubert.

F

Fidel	Malegrèze.
Bernard Faure	Larche.
Bertrand Fériniac	La Fraternité.
Martial Fouillade	Chalmont.

G

Bernard Gibertie	Larche.

NOMS DES SOCIÉTAIRES	LEURS DOMICILES
Grangé	Le Champ de Dalon
Goursat	Larche.
Gauchet, chirurgien	Laroche.
Jean Galvi	Larche.
François Gibertie	Larche.
Jean Gibertie, mazelier	Larche.
François Gibertie, neveu et chatreur	Larche.
Jean Gauchet	Laroche.

J

Jaubertie, fils	Saint-Pentaléon.

L

Pierre Loubignac	Larche.
Loubignac fils, chirurgien	Larche.
Lavergne, fils	Puimaurel.
Lavergnas	Lachèze.
Hippolyte Loubignac	Larche.
Lafon	Dautrement.
Laval	Lafeuillade.
Ligonal	Lestrade.
Laroche	Malegrèze.
Laroche-Jouvé	Laroche.
Lafon	Le Peiroulet.
Antoine Lestrade	Larche.
Jean Laroche	Peirefumade.
Leymarie, artiste vétérinaire	L'Union.
François Lagrèze	Les Nicoux.
Pierre Lagorse	Le Seui.
Lachèze, dit Pichaigne	Crouset.
Jean Leymarie, fils	La Draperie.
Jean Lavergne, cadet	Lachèze.
Lestrade	Lajarousse.
Laroche-Bernissou, père	Laroche.
Loubignac, huissier	Larche.
Le citoyen Lamaze	Larche.
Lestrade	Mansac.
Latreille	Mansac.

NOMS DES SOCIÉTAIRES	LEURS DOMICILES
Jacques Lagorse	Larche.
Laroche-Lagrillière	Lafeuillade.
Lasserre	Peirefumade.
Antoine Loubignac	Larche.
Guillaume Lacoste	La Rivière.
Bernard Lachambre	La Rivière.
Jean Lajouanie	Larche.
Latreille, fils	Mansac.
Guinot Lafon	Lafeuillade.
Laroche-Bernissou, fils	Laroche.
François Lagrèze	Larche.

M

Marchant-Bourieu	Larche.
Jean Manière, cordonnier	Larche.
Mirat	Les Buges.
Marchant	Laroche.
Mathou	Gumont.
Meisonnade	Granges.
Pierre Molas	Lachambre.
Jean Manière, charpentier	Larche.
Etienne Maumont	Labesse.
Martin	Le Soulié.
Pierre Malès	Audeguil.

R

Pierre Roudié	La Fraternité.
Antoine Rousière	Mansac.
Roume	La Fraternité.

S

Sautet	La Cave.
Charles Segeral	La Rue.
Segeral	Belote.
Souffron, aîné	Puijubert.
Sage	Larche.
Jean Souffron	Larche.

NOMS DES SOCIÉTAIRES	LEURS DOMICILES
Segeral, cadet	Mansac.
Guillaume Segeral	Mansac.
Libéral Sautet	Les Nicoux.
Serre, tailleur	Larche.
Pierre Suau	Pichaigne.
Pierre Sauvignac	Laroche-Haute.
Guillaume Sautet	L'Union.
François Sambat	Larche.
T	
Touzi	Laroche-Haute.
Thomas	Fournet.
Taurisson	Ferrières.
V	
Verliac	»
Veysset	Sernin.
Vergne	Pantaléon.
Vedrenne	Les Nicoux.
Vermeil	Pantaléon.
Pierre Vedrenne	Gumont.

Séance du 13 Brumaire l'an 2 de la R. F. une indivisible
(4 novembre 1793)

Le procès-verbal de la séance précédente a été lu et approuvé.

On a passé ensuite à la lecture du bulletin et des feuilles publiques.

Un membre a proposé le rapport de l'arrêté pris par la Société au sujet du visa des certificats de civisme et de résidence. La proposition mise aux voix le rapport a eu lieu; en conséquence, il a été décidé que désormais ces certificats seroient d'abord présentés à la Société qui les viseroit ou les rejeteroit à la majorité des voix ; en cas de visa, ils passeroient sous les yeux du Comité de surveillance qui prononceroit définitivement ce qu'il aviseroit.

Le citoyen *Chaumel* (1) a rendu compte de l'affiliation désirée par la Société avec celle de Brive, il a dit que le citoyen *Marchant* avoit prononcé, à la *Société des Amis de la République de Brive*, un discour qui fut fort applaudi et que l'affiliation avoit été voté à l'unanimité.

La Société a arrêté que le citoyen *Marchant* lui feroit part dimanche prochain du discours qu'il avoit prononcé pour exprimer son vœu.

La séance a été levée.

(Pas de signatures.)

—

Séance du 20 Brumaire. Année 2 de la République
(11 novembre 1793)

Le procès-verbal de la dernière séance a été lu et approuvé.

La lecture des nouvelles publiques achevée.

Le citoyen *Marchant* a présenté à la Société le diplôme envoyé par la *Société des Amis de la République de Brive* au sujet de l'affiliation désirée avec elle ; le diplome a été lu, la Société a manifesté sa satisfaction sur les expressions énergiques dignes d'un peuple libre avec lesquelles la Société de Brive a voté lad. affiliation et sur les promesses qu'elle fait d'entretenir, avec les sans culottes du canton de Larche, un commerce d'opinions et de sentiments dont le résultat procurera la Concorde et l'avancement de l'esprit public.

---

(1) La Société avait d'abord désigné le citoy. Denoix (séance du 6 Brumaire).

Il a été arrêté que led. diplome seroit transcrit à la suite du présent procès-verbal.

La Société a invité le citoyen *Marchant* à lui faire part du discour qu'il avoit prononcé à la séance de la Société de Brive sur l'expression des sentiments des sans culottes de Larche.

Le citoyen *Marchant*, déférant au desir de la Société, lui a fait part du discour par lui prononcé et il a été aussi arrêté qu'il seroit transcrit à la suite du verbal de la présente séance.

L'Assemblée s'est ensuite occupée de l'exécution de l'arrêté qu'elle a ci-devant pris pour la démolition du mur qui fait obstacle pour l'aggrandissement du local de la chambre où se tiennent les séances.

Cette démolition a été donnée sur le champ au bail à rabais à Jean *Manière*, de Larche, pour la somme de dix huit livres, à la charge par lui de refaire le pavé qui manque, et il s'est obligé de faire lad. démolition dans le courant de la semaine.

Un membre de la Société a ensuite exposé que les mal veillants et les ennemis secrets de la Révolution pourraient, par un esprit de méchanceté, faire naitre des soupçons ou faire dénoncer, au moyen de promesses pécuniaires, des sans culottes sincèrement et véritablement révolutionnaires, quil pense qu'il seroit intéressant pour la chose publique que le Comité de surveillance, établi dans la commune de Brive, ne mit à exécution les mandats qu'il decerneroit contre des particuliers habitants ce canton qu'apprès avoir demandé des éclaircissements au Comité de surveillance central du présent canton.

La Société, après avoir discuté la proposition, l'a adoptée à l'unanimité et il a été arrêté que le bureau adresseroit à cette fin une lettre au Comité de surveillance de Brive.

Un membre a observé qu'un décret de la Convention nationale met les cloches inutiles à la réquisiton du Ministre pour les convertir en canons et les employer contre les ennemis de la République ; il a dit qu'il existoit dans ce canton sept paroisses ou communes, que dans cinq il y avoit deux cloches, qu'une seule dans chaque endroit suffisoit pour faire l'appel des habitants de la commune, quil falloit sans hésiter descendre ces cloches et les faire transporter au département, que le patriotisme qui anime les habitants de ce canton les portera à seconder cette mesure de tout leur pouvoir; il a ajouté qu'il existoit pareillement, dans le ci-devant chateau de Larche, deux canons ou couleuvrines qui ne peuvent servir dans l'état où elles sont, qu'il faut les faire porter avec les cloches superflues ; en conséquence, il a fait la motion de faire une adresse aux Conseils généraux des communes pour les inviter à faire descendre sans differer les susd. cloches et canons, a les faire charger sur des voitures et les porter au département.

La proposition, mise aux voix, a été adoptée à l'unanimité par la Société qui a témoigné le désir le plus vif de la voir le plus tot possible mettre à exécution.

Il a été pareillement dit, par un autre membre de la Société, que dans la circonstance ou nous nous trouvons, on ne pouvoit porter un regard trop attentif sur ce qui concerne les semailles, qu'un grand nombre d'agriculteurs et colons manqueroient de bled pour semer, qu'il devient d'une conséquence majeure qu'il ne reste aucune terre à semer de celles qui sont destinées à l'etre la présente année, que c'est aux Conseils généraux des communes à veiller avec la plus grande exactitude à une opération qui doit faire la sollicitude de tout bon patriote, que nous éprouverions l'année prochaine les mêmes embarras que celle ci pour les subsistances si les fonds, en tout ou en partie, restoient en guérets faute de bled pour les ensemencer.

En conséquence, il propose de stimuler les municipalités à cet égard et de les engager, par tous les moyens possibles, à faire livrer, par la voie de la réquisition, du bled aux particuliers qui en manquent pour semer, de les surveiller ensuite sur l'emploi qu'ils en fairont, et, dans le cas qu'ils vinssent à les devertir ou à les employer à d'autres usages qu'à la destination susd., les dénoncer comme suspects et les faire arrêter.

La proposition susd. a été mise aux voix, la Société a reconnu son utilité et le bien qui en résulteroit ; en conséquence, elle a été adoptée à l'unanimité des voix.

L'Assemblée s'est ensuite occupée du renouvellement des membres du bureau, l'appel nominal a été fait, il a résulté du recensement des voix que le citoyen *Marchant*, juge de paix, a été nommé président et les citoyens *Granger* et *Barutel* ont été nommés secrétaires.

S'ensuit la coppie du discour prononcé par le citoyen *Marchant* à la *Société populaire de Brive* :

« C'est une vérité que nous devons aux Sociétes populaires l'établissement de la République, la force et l'énergie avec laquelle le Peuple françois défend ses droits et sa liberté contre les tyrans coalisés pour l'asservir.

« Le bien inappréciable que ces Sociétés, d'abord concentrées dans les villes un peu populeuses, ont fait à l'humanité, nous fait regretter que leur organisation n'ait pas eu lieu en même temps dans les campagnes.

« L'idole du fanatisme et de la superstition auroit plus tot été renversée, un reste de rouille qui nous entrave et les anciens préjugés qui existent encore seroient déjà détruits, les mécontents et les traitres dans l'intérieur auroient été mieux surveillés et découverts ; le peuple enfin, mieux instruit et connaissant sa dignité, auroit marché d'un pas plus ferme et plus rapide dans les sentiers de la Liberté, et déjà, sans doute, les esclaves qui luttent contre nous, ainsi que les despotes qui les font mouvoir, seroient exterminés.

« Mais l'époque de leur chute n'est pas éloignée, les ennemis du genre humain apprendront bientôt ce que peut l'énergie républicaine et le Génie de la Liberté contrarié ; leur résistance ne fera qu'accélérer leur défaite qui arrivera avec un fracas bien plus terrible.

« Déjà, pour procurer cet heureux moment, ont voit les

campagnes s'organiser, se réunir en Sociétés, leur affiliation et leur réunion avec les sociétés des villes va glacer d'effroi les liberticides et les faux patriotes, parce qu'il n'existera plus aucun point sur la surface de la République où ils puissent employer les armes de la superstition et du fanatisme pour tromper le peuple et lui faire méconnaître les avantages inestimables de la Liberté.

« Les sans culottes du canton de Larche, unis par les liens de l'affection, de l'intérêt particulier et de l'amour de la République qu'ils partagent avec vous, désirent avec ardeur de s'affilier avec les amis de la République de cette commune, ils vous demandent de les mettre au nombre de vos frères, de les aider de vos lumières et de partager avec vous vos travaux et vos périls révolutionnaires. Si vous ne trouvez pas dans notre Société la science et les talents que le despotisme a toujours eu soin d'éloigner de nous, vous êtes sûrs d'y trouver un amour sincère pour la Révolution, les principes du républicanisme le plus pur, vous êtes sur que nous partagerons toujours avec vous votre horreur pour les despotes, les fédéralistes, les modérés et tous les ennemis enfin de l'Egalité, de la Liberté et de la République une et indivisible. »

Suit la copie de l'affiliation qui a eu lieu avec la Société de Brive :

LIBERTÉ, ÉGALITÉ

Extrait du registre de la Société populaire de Brive

Séance du 10e jour de brumaire de l'an 2 de la Rép. Franç. une et indivisible.

« C'est aujourd'hui décadi. La Société l'a célébré en commençant la séance par l'hymne de *Marseillaise*. On annonce deux citoyens députés par une Société des sans culottes établie à Larche. L'un d'eux monte à la tribune, prononce un discour vivement applaudi et demande, au nom de la Société qui l'envoie, son affiliation à celle de Brive.

« L'Assemblée, considérant que le but des clubs patriotiques est de répandre partout les lumières de la Raison et de hater le moment heureux où tous les humains ne formant plus qu'une société d'amis, chanteront ensemble les louanges de la Liberté ; considérant que des hommes libres ne peuvent refuser de fraterniser qu'avec les tyrans et les esclaves, déclare unaniment qu'elle accepte avec plaisir la proposition des sans culottes de Larche et promet d'entretenir avec eux un commerce d'opinions et de sentiments dont elle espère que le résultat sera la Concorde. l'avancement de l'esprit public et la chute de tous les abus.

« Signé à la minute *Ducham*, président. *Cavaille* sec^{re} et scellé du sceau de la Société des Amis de la République de Brive. »

(Pas de signatures.)

—

Séance du 27 de Brumaire, l'an second de la R. F. une et indivisible (18 novembre 1793)

Le procès-verbal de la séance précédente a été lu et approuvé.

Il a été passé ensuite à la lecture des feuilles publiques.

La lettre des membres composant le Comité central des subsistances du district de Brive, en date du 22 du courant, a été pareillement lue ; l'Assemblée a pris en considération son contenu et, apprès une discussion préalable, il a été arrêté à l'unanimité qu'il seroit choisi tout présentement parmi les membres de la Société sept commissaires qui se rendront dans le plus court délai dans chacune des communes du présent canton, parcouront toutes les habitations des citoyens, sans égard ni ménagement, et fairont la plus scrupuleuse visite et vérification des comestibles de tout genre qui existent dans lesd. communes, de tout quoi ils fairont leur rapport dimanche prochain à la Société qui en rendra compte aud. Comité des subsistances.

Il a été pareillement arrêté que les mêmes commissaires fairont les réquisitions et diligences nécessaires pour faire descendre les cloches superflues et qu'il sera pris des précautions pour leur transport au district, le tout en exécution de l'arrêté pris par la Société dimanche dernier et conformément à icelui, et notamment après que les municipalités de chaque commune auront été prévenues et invitées de seconder l'arrêté pris le susd. jour.

S'ensuit le nom des Commissaires nommés :

    CHAUMONT, pour Cublat,
    LAROCHE, de Malegrèze, pour Larche,
    GRANGÉ, pour St-Sernin,
    BARUTEL et LASSERRE, pour Chartrier et Ferrière,
    LAFON, du Peiroulet, pour St-Pentaléon,
    VERMEIL, pour Mansac.

         (Pas de signatures.)

Séance du 4 Frimaire l'an 2 de la R. F. une et indivisible
(25 novembre 1793)

Le procès verbal de la séance précédente a été lu et approuvé.

La lecture du buletin de la Convention achevée, le cit. *Marchant* a demendé la parole et a dit :

« Citoyens, vous avés arrêté dans votre séance du vingt-deux brumaire dernier que les Conseils généraux des communes seroient requis de faire descendre toutes les cloches superflues pour être apportées au district et converties en canon ; vous avés pareillement arrêté que les armes de toute spèce qui existent dans le ci-devant chateau de Larche seroient aussi transportées au département ou district ; que toutes ces matières et armes seroient utilement employés contre les ennemis de la République et pour la défense de la Liberté.

» Je vous observerois encore que les dépenses énormes nécessitées par les armées nombreuses que la République est obligée d'entretenir contre les tirans coalisés pour nous asservir, doit engager tous les citoyens à venir au secour de la Patrie et à faire volontairement tous les sacrifices possibles pour le soutien de la Liberté et de la République une et indivisible ; que cette considération doit engager tous les citoyens et les véritables sans culottes à faire l'ofre à la Patrie et à porter incessamment au Directoire du distric toute l'argenterie des églises du présent canton, que ces vases qui n'étoient que des instruments de fanatisme et de supertition entre les mains des prêtres, serviront désormés pour la chose publique et contribueront à l'afermissement de la Liberté.

» Je vous proposerois, en conséquence, de faire une invitation aux Conseils généraux des communes du présent canton d'aporter de suite au Directoire du district l'argenterie de leur église respective, de faire aux citoyens et aux vrais sans culotes du présent canton pareille invitation d'apporter au dit Directoire tout ce qu'ils peuvent avoir d'or et d'argenterie et autres matières propres à etre converties en monoie, qu'ils changeront contre des assignats. »

Le même membre a dit que, sur le traitement de neuf cent livres que la Nation lui donne, il ofre de se réduire à trois cent livres tant qu'il seroit juge de paix et que la guère dureroit, il a ajouté à cette ofre une paire de boucles d'argent.

Le citoyen *Blusson*, membre de la Société, a aussi ofert une paire de boucles d'argent et une boette aussi d'argent.

La Société a délibéré à l'unanimité que les propositions ci-dessus faites au sujet de cloches, canons et argenterie seroient exécutées dans tout leur contenu, qu'il seroit, en conséquence, fait des réquisitions nécessaires aux Conseils généraux des communes et aux sans culottes du canton, qu'il seroit à cette fin nommé un commissaire pour chaque commune.

La Société a aussi accepté les ofres faites par les citoyens *Marchant* et *Blusson*, ainsi que l'ofrande faite par le citoyen *La Roche*, de Mallegrèze, d'une paire de boucles d'argent, d'une tabatière aussi d'argent et d'un louis d'or de douze francs, et a arrêté qu'il en seroit fait mention dans le présent procès verbal.

S'en suit la nomination des commissaires.

Les citoyens *Denoix* pour Larche, *Lagorse*, du Rieux, pour Cublac, *Chantala* pour Saint-Pantaléon, *Couder* pour Saint-Sernin, *Castanet* pour Chartrier, *Chaumeil* pour Mensac, *Thorison* pour Ferière.

Il a été ensuite fait lecture de la letre adressée à la Société par le citoyen *Gouzon*, membre de la Commission de subsistance et aprovisionnements de la République, en date du vint deux brumaire, par laquelle il demende qu'il soit nommé, par la Société, des hommes patriotes, intègres et éclairés pour l'agriculture, le commerce et l'industrie, qui puissent correspondre avec lui et lui donner les renseignements dont il aura besoin. Pour remplir les vues du citoyen *Gouzon*, la Société a nommé le citoyen *Marchant* fils pour Larche, *La Roche-Bernissou* pour Saint-Sernin, *Ségeral* ainé pour Mensac, *Genestou* pour Cublac, *Dufour* pour Chartrier et *Crémoux* pour Ferieres.

Signés : Denoix, vice-présid., Barutel, s^{re}.

Séance du 11 Frimaire. (an 2)
(2 Décembre 1793)

La lecture du procès verbal achevée, un membre de la Société a dit que les cloches et l'argenterie des églises, les ornements et les pretres qui s'en servoient ayant disparu des temples du présent canton par la volonté manifestée de ses habitants, il convient de conduire l'ouvrage à sa fin et que, pour y parvenir, il proposoit de faire une invitation aux municipalités pour que chacune dans son arrondissement enlevat toutes les images, statues et autres représensations qui nuiraient aux progrès de la Révolution et à l'établissement de la Liberté, à cause de l'esprit de superstition qu'elles entretiendroient dans la classe peu éclairée du peuple.

La proposition mise aux voix a été unanimement adoptée. En conséquence, il a été arreté d'envoyer dans chaque municipalité du canton avec invitation à chacune d'elles de la ramener à une prompte exécution.

Il a été ensuite fait lecture, par un membre de l'Assemblée, d'une lettre du citoyen *Berger*, administrateur du district de Brive, où il expose qu'un ennemi secret l'a dénoncé au représentant du peuple *Lanot* pour avoir été féodiste autres fois et à ce titre avoir perdu la confiance publique, et il demande que la Société prononce son opinion sur son compte et que, s'il n'a pas démérité de la Patrie, on luy rende la justice qui luy est due.

L'Assemblée consultée sur la demande dud. *Berger* a unanimement déclaré que, depuis le temps qu'il remplit les fonctions d'administrateur au Directoire du district de Brive, on a constamment remarqué chez luy un attachement à la Révolution et aux intérêts de la République et un zèle assidu à remplir le devoir de sa place.

Il a été ensuite fait lecture d'une lettre adressée à la Société par les membres qui composent la Société populaire de Daignac qui demande une affiliation avec la *Société des Amis de la République* du présent canton.

L'Assemblée, considérant que la fin des Sociétés patriotiques est de propager les lumières et les principes de la République, d'éclairer le peuple et de détruire l'idole du fanatisme, a unanimement accepté l'affiliation proposée par la Société républicaine de Daignac et s'engage d'entretenir avec elle un commerce d'opinion qui entretiendra l'esprit public dans les deux Sociétés et procurera l'avantage et la concorde entre les membres qui la composent.

Plusieurs membres de la municipalité de Saint-Pantaléon et de celle de Saint-Sernin ont déclaré à l'Assemblée qu'ils avoient changé le nom de leur commune dont la première s'appelleroit à l'avenir commune de la *Fraternité* et la seconde commune de l'*Union*. Ils ont demandé que ce changement de nom fut inscrit sur les registres, ce qui a été unanimement accordé par l'Assemblée.

Il a été pareillement proposé par un sociétaire de faire une adresse à la Convention nationale et une autre au département où la Société exposeroit ses travaux révolutionnaires, démontreroit qu'elle est parfaitement à la hauteur des circonstances et que tous les membres sont animés du républicanisme le plus pur. La proposition, mise aux voix, a été unanimement adoptée et il a été arreté que les membres du bureau seroient chargés de rédiger les deux adresses qui seroient transcrites à la suite du present procès verbal.

(Pas de signatures.)

—

Séance du 25ᵉ Frimaire l'an 2ᵉ de la République une et indivisible. (16 Décembre 1793.)

La lecture du procès verbal de la séance précédante a été faite et le procès verbal approuvé.

Un membre de l'Assemblée, après avoir demandé la parole au président, a dit que c'étoit une vérité que dans l'étendue du présent canton les habitans s'y trouvoient à la hauteur des circonstances et des principes du républicanisme, qu'il s'étoit néanmoins aperçu que, dans bien des endrois, plusieurs particuliers chaumoient les dimanches, vieux estille, et s'abstenoient de travail ; que c'est un reste de préjugé qu'il convient de détruire entièrement parce qu'il tend à entraver la marche révolutionnaire et qu'il en résulte une perte considérable pour l'agriculture ; il propose, en conséquence, que tous les membres de la Société s'occupassent les premiers, les jours ci devant chaumés, à l'agriculture, soit en labourant son champ ou toutes autres cultures, et que tout membre de la Société qui seroit surpris à chaumer comme ci devant les fêtes ou dimanches, fut dénoncé à la Société et rayé du tableau.

La proposition, mise aux voix, a été unanimement acceptée.

Un membre a dénoncé le citoyen Bernard *Faure* pour avoir tenu des propos inciviques et demandé qu'il fut incarcéré pour huit jours pour expier sa faute.

Un autre membre a observé que led. *Faure*, vieux et infirme, seroit assés puni par une détention de vingt quatre heures, sauf, en cas de récidive, à le dénoncer comme suspect pour luy être infligé les peines portées par la loi.

La motion ayant été proposée, l'Assemblée a délibéré que led. *Faure* se rendroit dans le ci devant chateau pour y demeurer en prison l'espace de vingt quatre heures.

Plusieurs patriotes de la commune de l'*Union* se sont plains d'une injure ou insulte faite à leur préjudice par le citoyen Hyppolite *Loubignac*, l'aîné, et en ont demandé réparation.

Un membre a dit que led. *Loubignac* devoit reconnaitre son tor dans la séance publique de la Société et témoigner la peine qu'il avoit des propos déplacés qu'il s'étoit permis de tenir contre les patriotes de la commune de l'*Union* et que, faute par luy de faire lad. réparation, l'entrée de la Société luy sera interdite.

Les propositions et motions faites au sujet dud. *Loubignac*, mises aux voix, cette dernière motion a été adoptée à une grande majorité.

Un sociétaire a observé que n'existant aucun siège dans le *Temple de la Raison* où la Société tient ses séances, tout le monde étoit obligé de se tenir sur ses pieds, ce qui étoit fort incommode et occasionnoit de la confusion et du désordre dans l'Assemblée, il a demandé qu'il fut, sans délay, établi des sièges pour faire asseoir les membres de la Société et les expectateurs étrangers qui viendroient à la séance ; il a ajouté que le citoyen Martin *Pestourie*, menuisier, se chargeroit de faire les sièges nécessaires sans bail à rabais, qu'il fourniroit l'état de ses journées et de ses avances après la vue et examen duquel il seroit payé et remboursé, qu'il étoit reconnu pour patriote et qu'on pouvoit s'en raporter à sa bonne foi.

La proposition, mise aux voix, a été adoptée et led. *Pestourie* a été chargé par la Société de travailler incessament à la construction desd. bancs.

Les Certificats de civismes délivrés aux citoyens *Laferrière*, *Lamaze*, n^{re} public, et Marguerite *Lavivie*, par les Conseils généraux de leurs communes respectives, ont été présentés à l'Assemblée pour être visés et approuvés.

La proposition mise aux voix, les visas demandés ont été accordés à l'unanimité des sufrages.

(Pas de signatures.)

Séance du 30 Frimaire l'an 2e de la République une et indivisible (21 décembre 1793)

La lecture du procès verbal de la séance précédente a été lu et approuvé.

Et la lecture du Bulletin de la Convention achevée, on a procédé de suite au renouvellement du bureau et le citoyen *Denoix* a été proclamé président à la pluralité absolue des sufrages, *Maysonade* et *Blusson* ont esté proclamés secrétaires à la pluralité aussi des sufrages.

Le bureau ainsi formé, le président a fait lecture d'une lettre qui estoit adressée à la Société par le citoyen *Lagrilière*, de la commune de Lafeuillade ; après la lecture faite, un membre a demandé la parole et a dit qu'il demandoit que la lettre fut transcrite sur le registre et que le citoyen *Lagrilière* fut rappelé dans le sein de la Société, ayant été arrêté dans la dernière séance qu'il seroit rayé du tableau à cause de certains propos qu'il avoit tenu contre la Société, lequel arrêté n'avait pas encore été transcrit sur les registres.

La motion mise aux voix, il a été unanimement arrêté que la d^{te} lettre seroit coppiée tout au long sur les registres,

Suit la coppie de la ditte lettre :

« Citoyen, j'ai esté faché d'apprendre qu'on a mal interprété et mal rendu certains propos que je puis avoir tenu au sujet de la *Société républicaine du canton de Larche*, je commence par mettre en fait que j'ai dit et répété publiquement que cette Société estoit véritablement montagnarde et à la hauteur des circonstances ; qu'elle professait le républicanisme le plus pur ; j'ai tenu ce langage aux citoyens *Denoix, Bourieu* et *Blusson*, membres de la dite Société. Il est vrai que j'ai ajouté que j'avois oui tenir un langage opposé à un particulier que j'ai nommé, mais tout cela n'a altéré en rien la bonne opinion que tous les bons et vrais sans culottes ont de la Société des vrais sans culottes de Larche, que je partage très sincèrement en mon particulier. Je demande donc, citoyen, que vous me rendiez la justice de croire que je n'ai jamais rien dit qui put vous être contraire et que je suis réellement faché qu'on eut mal interprété mes sentiments.

« Et a signé : LA GRILIÈRE. »

Le citoyen *Ségeral* a prononcé ensuite un discours et un dialogue analogue aux circonstances et a comparé les abus de l'ancien régime avec les avantages sans nombre que le peuple républiquain goutera dans le nouvel ordre des choses. Son discour et un dialogue qu'il a prononcé à la suite ont été fort applaudis.

L'Assemblée a demandé qu'il fut imprimé.

Un membre de l'Assemblée fait lecture d'une adresse que la Société a délibéré d'adresser à la Convention nationale.

L'Assemblée a approuvé la d[tte] adresse et a arreté qu'elle serait transcrite sur les registres et envoyée de suite à la Convention.

S'ensuit la coppie de la ditte adresse :

La Société républicaine du canton de Larche à la Convention nationale

« Citoyens représentants, occupés journellement à la

culture de nos chans, nous avons choisi ce jour de décade
pour vous exprimer notre reconnaissance de tout ce que
vous faites pour affermir nostre Liberté qui nous rendra à
jamais heureux et faira de tous les Français un peuple de
frères. Ho toi, Montagne, qui fait l'effroy des tirans, tes
travaux tiennent du prodige, les despotes, très pressés de
tous cotés sont vaxillants sur leurs trones, les fédéralistes
sont détruits, les aristocrates et les mécontents constitués
dans des maisons d'arrêts ne peuvent plus ralentir le cour
rapide de la marche révolutionnaire.

« Citoyens législateurs, nous ne cessons de bénir et
d'admirer la sagesse de vos décrets, nous nous empressons
de les exécuter, nous segondons de tout nostre pouvoir vos
travaux révolutionnaires ; déjà le fanatisme et la superstition n'existent plus dans nos campagnes, nous avons
fait, dès le premier de ce mois, une offrande à la Patrie de
l'argenterie de nos églises, nos cloches descendues des
tours où elles étoient, serviront à faire des canons, et il
n'y a plus de prêtres dans les communes de ce canton.
Plusieurs citoyens ont volontairement offert à la Patrie ce
qu'ils pouvoient avoir d'argenterie.

« Nous vous conjurons, citoyens représentants, de rester
fermes à votre poste jusques à l'époque très prochaine où
les tirans seront exterminés et où le peuple françois pourra
jouir en paix du bonheur que lui promet la Constitution
républicaine qu'il a unanimement acceptée.

« Vive la Montagne ! Vive la République une et indivisible ! »

Un membre a demandé la parole, il a observé qu'un
décret ordonnait la démolition des tours des châteaux, de
ces anciennes bastilles qui servoient d'azile aux ci-devant
seigneurs et qui insultoient à la chaumière du pauvre et
avoient esté souvent pour lui un sujet d'oppression ; il a
demandé que ces vestiges de l'ancien despotisme n'exis-
tassent plus dans le présent canton, que le ci-devant châ-
teau de la présente commune subit le sort de tous les

autres et que le président de la Société en fit tomber la première pierre.

La proposition mise aux voix, elle a esté unanimement adoptée de la Société.

La séance ayant été levée par le président, les membres de la Société se sont retirés en chantant l'hymne *des Marseillais* et criant ensuite *Vive la Montagne! Vive la République une et indivisible!* Un repas fraternel estoit préparé à la maison commune, tous les sans culottes du canton ont pris chaquun leur place, la frugalité et la joy ont présidé à la fête ; tous les convives ont bu comme des frères à la santé de chaquun d'eux, on a porté plusieurs thoasts pour la Montagne, pour la République une et indivisible et pour les parisiens dont les efforts généreux et magnanimes ont tant contribué à l'établissement de la République. On a porté pareillement la santé des citoyens *Brival* et *Lanot*, représentants du peuple, actuellement dans le département de la Corrèze.

Signé : Denoix, président, Blusson, secrétaire.

Séance du 1ᵉʳ pluviose (an 2) 20 Janvier 1794)

La séance du 1ᵉʳ pluviose a esté terminée par un arrêté de la Société ;

Savoir qu'il seroit nommé un censeur dans chaque commune du canton, pour vérifier cellui des membres qui s'absenteroit pendant 3 décadis de suite.

Signé : Blusson, secrétaire.

« *Extrait du Bulletin de la Convention nationale*

» Séance du 25 Nivose, l'an deux de la République une et indivisible (14 Janvier 1794)

» La Société populaire du canton de Larche applaudit

aux travaux de la Convention et l'invite à rester à son poste.

» Elle annonce que le fanatisme est destruit dans les campagnes qui l'avoisinent et que l'argenterie a esté offerte à la Patrie.

» *Mention honorable.* »

Certifié conforme à l'original.

Signé : BLUSSON, secrétaire.

—

Discours prononcé à la Société populaire du canton de Larche le .... l'an 2me de la République une et indivisible.

« Mirabeau disoit : les rois passeront, les nobles passeront, les privilèges passeront et le peuple demeurera ; et moi je dis, les prêtres passeront, les cagots passeront, les fanatiques passeront, et la Raison demeurera. Le monstre hydeux du fanatisme ira de nouveau se cacher dans son antre obscur, il ne faira plus siffler ses serpents, il n'agitera plus ses torches infernales dans le cœur des mortels ; ses infames supots ne viendront plus, au nom d'un dieu de paix, porter la guerre et la discorde, ses autels seront renversés, ses hochets foulés aux pieds ; sur les monuments poudreux de sottises humaines s'élèvera majestueusement le Temple de la Raison et de la Vérité. Dix-sept siècles entiers ont vu se perpétuer le règne de l'ignorance et de la superstition, source première de l'esclavage de nos pères. Il estoit réservé à la France de porter la clarté où régnoient les ténèbres, comme de substituer la Liberté au despotisme. Ce que des milliers d'années et des milliers de sçavants n'ont pu faire, trois années d'efforts courageux l'ont exécuté ; ce qu'aucun despote, avec tous les prestiges de la puissance, n'a pu faire, la France libre n'a eu besoin que de sa seule volonté, et tout ce qui contrarioit les droits sacrés de l'humanité a disparu pour jamais. Des erreurs consacrées par le laps immence des temps, des législateurs perfides, des généraux dont le nom seul est un outrage à la nature, cinq années de trahison, de calamités et de guerres intestines, loin de retarder le progrès de la Liberté, n'ont fait qu'accélérer la chute du despote françois et préparé celle des autres tyrans de l'Heurope. C'estoit peu pour des françois libres d'avoir montré à l'hunivers entier les doux avantages que procure le regard de l'Egalité, d'avoir fait tomber sous le glaive des lois le tiran et ses complices, d'avoir fait passer au niveau national la tête de ces fantomes de grandeur, devant qui le monde étoit en adoration, il restoit encore à combatre et à anéantir l'hydre puissant et terrible du fanatisme secondé par ses fauteurs ; crimes d'autant plus grands qu'ils avoient pour prétexte la religion. La Vérité n'a eu qu'à se montrer, et ses généreux amis se sont ralliés à la lueur de son flambeau, ils l'ont saisi d'une main hardie, et conduits par ses feux étincellants, ils sont descendu dans la caverne du monstre ; ils l'ont vu écumant de rage, se batant les flancs et tachant, par son venain impur, de corrompre la clarté du céleste flambeau ; ses cris impuissants, ses rugissements affreux, n'ont fait que redoubler sa splendeur à mesure qu'il approchait de son anéantissement. Les crimes des despotes ont ammené la naissance de la Liberté, les crimes des prêtres ont préparé l'empire de la Raison sur la superstition et les préjugés. Nous venons d'abatre le plus puissant obstacle qui s'opposoit au cours salutaire de la Révolution. Peignons au peuple les crimes des prêtres, tirons le voile de dessus leurs impostures et leurs iniquités, découvrons d'une main philosophe ce cahos de malheurs et de calamités publiques causés par la sélératesse des fauteurs de l'inquisition, ouvrons à ses yeux ses cachots où gémit l'innocence opprimée, la raison enchaînée, la vertu persécutée et le crime triomphant ; représentons-lui le monstre exerçant ses fureurs de l'un à l'autre monde, de l'un à l'autre pole, faisons-lui parcourir le tombeau de vivants où les ministres de Belzébut tiennent enchaînés les malheureuses victimes de leur cruelle barbarie ; faisons-lui voir par quels moyens, ces hommes ambitieux dont la pauvreté devroit être la suprême loi, ces vils cybarites qui faisoient vœu d'abstinence, étoient enfin parvenus à s'emparer de toutes les richesses, de tous les honneurs, de tous les grands emplois de l'Etat. Commençons par le roi des scélérats comme il a été le roi des françois, le fanatique, le cruel St-Louis ; depuis son avènement au trhonc jusqu'au moment qui a tranché la trame de sa vie criminelle, tous les instants de sa vie sont marqués par le sang qu'il a fait rependre, l'homme le moins vertueux et le moins sensible tremble et frissonne d'horreur d'entendre ses pieux attentats. Conduit par les conseils astucieux d'une cour de prêtres, le cœur corrompu par la morale séductrisse, il se fait dans son rauyaume des ennemis de tous les partisans de la Raison et de l'Humanité : emprisonnements, suplices, confiscations, lettres de cour, tous les moyens lui sont propres et bons quand il peut opprimer le peuple et le tenir, par le moyen de la superstition, dans le plus avilissant despotisme ».

Séance du 25 pluviose l'an 2 de la Rép. U. ind.
(13 février 1794)

La lecture du buletin achevée, ainsin que des décrets de la Convention,

Le citoyen *Bourieux*, juge de paix, a demendé la parole et a dit qu'il faisoit remise de ses lettres d'homme de loi pour être brulées au pied de l'arbre de la Liberté à la première décade.

— Mention honorable. —

Les citoyens *Denoix*, *Barutel*, *Bourieux* et *Blusson*, se sont offerts pour lessiver les terres de la commune pour en extraire le salpêtre pour la fabrication des poudres. En conséquence, ils ont promis de monter un attelier dans la ditte commune et, après avoir pris tous les renseignements à ce sujet, qu'ils métroient tout le zèle possible pour accélérer leur entreprise, afain de fournir à la République tout le produit de leurs travaux pour la destruction de nos ennemis.

(Pas de signatures.)

Séance du 1er Ventose (an 2)
(19 février 1794)

Après lecture des décrets. sur la motion d'un membre, il a été délibéré que ceux des membres qui composent le Conseil général de la commune et le Comité de surveillance qui seroient surpris à ne pas travailler le dimanche et qui ne se rendroient pas aux assemblées les jours de décade, seroient exclus et rayés du tableau de la Société.

Signés : LOUBIGNAC, p^t, SAGE, secrétaire.

Séance du 10 Ventose (an 2)
(29 Février 1794)

Il a été fait lecture des bulletins de la Convention ainsi que du procès verbal de la séance précédente, pareillement fait lecture des décrets de la Convention et ouvrages envoyés par le Ministre de l'Intérieur. La séance a été levée à 4 heures.

Signé : LOUBIGNAC, président, SAGE, saicrétaire.

Séance du 20 Ventose (an 2)
(10 Mars 1794)

Après la lecture du bulletin, des décrets et des gazettes et du procès-verbal de la séance précédente, sur la motion d'un membre, il a été arrêté à ce que, attendu que les Cartes civiques de la Société furent imprimées par *Robin* sans qu'il eut reçu, de la part de la Société, le texte des dittes Cartes ; que l'intention de la Société étoit qu'il y eut en tête des dittes Cartes : *Société populaire et républicaine du canton de Larche* ; que l'imprimeur, au lieu de mettre ces mots, mit par erreur : *Société des Amis de la République de l'Arche* (1), ce qui ne remplit pas le veu et l'intention de la Société. En conséquence, elle a arrêté de faire réimprimer d'autres cartes et d'y appposer l'intitulé ci-dessus et, ce fait, les anciennes Cartes seront retirées des mains des sociétaires et il leur en sera fourny à chacun de nouvelles.

La lecture du diplôme adressé au citoyen *Ségeral-Larue* a été faite à la Société qui l'a approuvé dans tout son contenu et la séance a été levée.

Signé : Loubignac, président, Sage, secrétaire.

---

(1) Nous donnons ci-contre la reproduction de l'une de ces Cartes ; elle nous a été communiquée par M. Ch. Mirat, conseiller municipal de Saint-Pantaléon. Cette pièce est imprimée sur une carte à jouer représentant le dix de pique ; elle est datée du 4 juin 1793 . 2 de la R. et porte le n° 19. Mirat.

Séance du trente Ventose (an 2)
(20 Mars 1794)

Après la lecture du bulletin, des décrets et des gazettes et du procès verbal de la séance précédente, l'Assemblée s'est occupée du renouvellement du bureau. L'appel nominal fait dans les formes ordinaires, il est résulté du ressensement des voies que le cit. *Lamaze*, président, le cit. *Loubignac*, huissier et le cit. *Lajouanie*, secrétaires.

Signé : Loubignac, président, Sage, secrétaire.

—

Séance du 10 Germinal (an 2)
(30 mars 1794)

La séance a été ouverte par la lecture du procès verbal de la séance précédente, la lecture des gazettes et des décrets a été faite.

Sur la proposition d'un membre de l'Assemblée, il a été arrêté qu'à l'avenir la Société populaire sera uniquement convoquée suivant l'usage en tintant un mortier distinct à cet effet et qu'on ne promènera plus une clochète dans les rues, qui anonce un son lugubre ayant trait à l'encien régime.

Dud. jour,
Le Certificat de civisme, accordé par le Conseil général de la commune au citoyen Jean *Laroche*, a été visé et approuvé par la Société populaire.

Dud. jour,
Un membre de lad. Société ayant observé qu'il seroit avantageux pour tous les individus de la commune qu'on sonne la cloche pour former les Assemblées municipales, le Commité et les Assemblées populaires.

La proposition mise aux voix, il a été délibéré à l'unanimité des voix que la cloche sera sonnée toutes fois et quantes qu'il sera nécessaire pour rassembler le Corps municipal et la Société populaire et que, pour différencier, il sera seulement tinté pour rassembler le Comité.

Dud. jour,

Un autre membre de lad. Assemblée ayant exposé que, pour donner toute l'autenticité possible à la distribution des grains, il seroit convenable qu'il y assistat au moins deux officiers municipaux et deux membres du Comité de surveillance ; cette proposition ayant également été mise aux voix, il a été unanimement arrêté que, toutes les fois qu'il y aurait des grains tant fournis par le district que requis dans la commune pour être dispercé aux individus qui en manquent, il assistera à cette distribution au moins deux officiers municipaux et deux membres du Comité de surveillance.

Dud. jour,

Un autre membre ayant proposé d'aviser la municipalité à prendre les mesures pour que les cabaretiers et marchands ne trompent pas sur les poids et mesures dont ils se servent dans leur commerce et négoce.

A été arreté que lad. municipalité seroit invitée à tenir l'œuil et à surveiller lesdits cabaretiers et marchands pour qu'ils ne trompent pas dans lesdits poids et mesures, qu'ils vérifieront et fairont cacheter les bouteilles.

Ensuite la séance a été levée vers les dix heures du soir.

Signé : LAMAZE, présidant, LOUBIGNAC, secrétaire.

―

Séance du 20ᵉ Germinal l'an 2ᵉ de la République, une et indivisible (9 avril 1794)

La séance a commencé par la lecture du procès verbal de la dernière séance, continuée par la lecture du buletin, des décrets et loix envoyés à la Société par le Ministre.

Sur la proposition d'un membre, il a été arrêté que, conformément au décret du 3 aoust dernier, il sera placé une affiche sur la principalle porte des cy-devant écuries du duc de Nouailles portant les mots : *Propriétés nationales à vendre ou à louer*.

Signé : Lamaze, président, Loubignac, secrétaire.

Séance du vingt-quatre Germinal an second
de la République une et indivisible (13 avril 1794)

La séance a été ouverte par la lecture du procès-verbal de la dernière séance, continuée par la lecture des loix envoyées ministériellement à la Société et par la lecture des bulletins et autres papiers publics.

L'un des membres ayant exposé combien étoit grande l'utilité de faire du salpêtre et les soins que chaque individu devoit porter pour en procurer à la République.

La Société a unanimement applaudi l'exposé de ce membre et nomme le citoyen *Dutel*, officier municipal, pour surveiller l'atteiller de la Salpetrerie et pour faire fournir aux salpetriers tout ce qui leur deviendra nécessaire relativement à l'opération ou lessivement des terres salpetreuses.

Dud. jour,

Un autre membre a exposé que journellement il se fait des vols dans cette commune, soit en bois, planches, fers et autres débris du cy devant chateau de Larche, qu'on a même enlevé de la maison commune plusieurs loquets, verouls et autres ferements servant à fermer les portes ; que de pareils traits méritent des punitions exemplaires et qu'il conviendroit de prendre des mesures sévères pour faire cesser un pareil brigandage.

La Société, applaudissant la mention dud. membre, a arretté qu'il sera donné, gratuitement et sans aucun retour, une somme de cinquante livres à celuy qui indiquera un ou plusieurs des délinquants qui se sont portés à faire les susdittes espoliations.

Signé : Lamaze, président, Loubignac, secrétaire.

Séance du trente Germinal l'an second de la République
une et indivisible (19 avril 1794)

La séance a été ouverte par la lecture du procès-verbal de la dernière séance et continuée par la lecture des papiers, nouvelles.

Un des membres ayant observé combien il étoit instant de s'occuper à ramasser les jeunes tiges de noisetier, de pudit, d'aulne et de saulle pour les convertir en charbon destiné à faire la poudre.

La Société a invité tous les bons citoyens de s'empresser à rassembler toutes les espèces des susdits bois pour qu'ils arrivent vite à leur destination et d'observer de ne pas les mélanger et de prendre lesdits, chacun dans ses possessions.

Signé : LAMAZE, présidant, LOUBIGNAC, s[re].

Séance du 5 Floréal, an second de la République Françoise
une et indivisible (24 avril 1794)

La séance a été, comme à l'ordinaire, ouverte par la lecture du procès verbal de la précédente séance et continuée par la lecture des décrets et raports envoyés à la Société par le Ministre.

Un membre a observé que, malgré l'arretté de la Société en date du vingt quatre germinal dernier, qui porte qu'il sera délivré une somme de cinquante livres à celuy qui dénoncera les auteurs, fauteurs et complices de l'enlèvement de certains bois et autres matériaux ayant fait partie du cy devant chateau, néanmoins le pillage se continue, et demande qu'il soit fait des visites domicilliaires chez tous les individus de la commune et notamment chez ceux qui ont acheté des matériaux dud. cy devant chateau pour savoir s'ils n'ont pas grossis le nombre des pièces de bois qu'ils ont acheté ou qui leur ont été données.

La Société arrete unanimement que la municipalité sera invitée à faire les dittes visites domicilliaires, à revoir et vérifier chés les acquéreurs des pièces de bois dont s'agit, pour savoir s'ils en ont au dessus du nombre et autres que ceux qui leur ont été vendus ou donnés.

Signé : LAMAZE, président, LOUBIGNAC, secrétaire.

Séance du 10 Floréal l'an second de la République Françoise une et indivisible (29 avril 1794)

Cette séance a été ouverte par la lecture du procès verbal de la séance précédente et suivie de la lecture des feuilles publiques.

Un membre de la Société a exposé qu'il seroit à propos de fixer les heures que les citoyens de cette commune doivent se rendre au *Temple de la Raison* pour y recevoir les instructions relatives à la Constitution.

Il a été unanimement délibéré et arreté que chaque officier municipal, habitant dans les petites communes, inviteroit tous les individus de se rendre tous les décadi, à une heure après midy, aux assemblées de la Société populaire, sous peine d'être regardés comme suspects.

Signé : LAMAZE, président.

Séance du 15 Floréal deuxième année républicaine
(4 mai 1794)

La séance a commencé par le procès verbal de la séance précédente et a été continuée par la lecture des buletins et papiers publics.

Le citoyen *Dutel*, vice-président, a exposé à la Société que les citoyens Henry *Marchant* et Pierre *Marchant*, juge de paix, ont demandé et obtenu chacun un certificat de civisme et qu'ils demandent qu'ils soient approuvés par la Société populaire, ce qui leur a été accordé par tous les sociétaires.

Dud. jour,

Un membre a exposé qu'il règne un abus qu'on ne saurait taullérer et qu'il faut absolument réprimer ; cet abus règne quasi dans tous les cabarés qui se servent, pour le débit de leur vin, de boutteilles qui ne sont point de mesure et, par là, trompent perpétuellement les voyageurs et autres qui vont boire dans leurs cabarets, et demande, en conséquence led. sociétaire, qu'il soit arrêté que la municipalité soit invitée à réformer l'abus dont s'agit.

La Société arrête que lad. municipalité sera invitée à visiter les oberges, de mesurer les boutteilles, de les faire cacheter et de tenir l'œuil à ce qu'il n'y ait pas de contrevenant, sous les peines portées par les loix.

Dud. jour,

Un autre membre a proposé qu'il fut fait une liste contenant les noms de ceux qui ont fait des offrandes à nos frères d'armes servant la Patrie.

La Société arrête que la liste dont est question sera transcrite à la suite de la presente.

Signé : LAMAZE, président, LOUBIGNAC, secrétaire.

LARCHE
Floréal 2ᵉ Année
rép^{ne}

LIBERTÉ, EGALITÉ

Liste du linge et autres effets donnés par les patriotes de la commune de Larche pour nos frères d'armes :

1º *En numéraire* :

Le citoyen Lamaze, six livres	6ˡ¹
La veuve Lajoinie, trente sols..............	1 10ˢ
Le citoyen Bouret, id.	1 10

Loubignac, huissier, vingt quatre sols.......	1ˡⁱ	4ˢ
Hippolite Souffront, une livre quatre sols.....	1	4
Jacque Lagorce	»	12
Marchant, père, douze livres plus un couvert d'argent...............................	12	
Lestrade	1	10
Manière, douze sols..........................	»	12
	26ˡⁱ	2ˢ

2° *En assignats* :

La veuve Lagorse............................	2ˡⁱ	
Barutel, maire...............................	5	
Bernard Pestorie.............................	3	
Loubignac, père, chirurgien.................	5	
Pérot, de Dautrement	3	10ˢ
Martin Pestourie...	1	15
Dutel...	1	10
	20ˡⁱ	15ˢ

Draps de lit :

La citoyenne Certain, de Reignac..........	3 linseuls
La veuve Jaubert, de Boissières............	2
Marchant, fils, juge de paix...............	2
Laforet......................................	2
Blusson......................................	1
Denoix.......................................	1
Marchant, père..............................	1
Lajoinie	1
Lamaze.......................................	1
Pomarel, de la Maison-Neuve..............	1
Sage, de Dautrement.......................	1
Barutel, maire...............................	1
Total....................	17 linseuls

Chemises. — Etat des chemises données par lad. commune. — Les citoyens :

Loubignac, du Lion d'or..................	1 chemise
Blusson......................................	1

Loubignac, fils, officier de santé............	2 chemises
Lajoinie...............................	1
Marchant, fils, juge de paix..............	2
Denoix................................	2
Faure.................................	1
Jean Manière, charpentier...............	1
La veuve Cluzant......................	1
Sage, de Dautrement	1
La veuve Jaubert	1
Pomarel, de la Maison-Neuve............	2
Pomarel, de Peyrefumade...............	1
Lacombe, de Reignac...................	2
Laforet................................	2
Total................	21 chemises

Le citoyen *Lajouanie* a été chargé de remetre au district les effets portés en la liste cy dessus et les a remis le 23 floréal d^r au district, suivant la décharge qui luy a été fournie, signée : *Chauvignac*.

Signé : LAMAZE.

—

Séance du dix-neuf Floréal, l'an 2e de la R. F.
(8 mai 1794)

Il a été délibéré qu'il seroit payé provisoirement à Jean *Galvi* et à François *Durand*, salpetriers, la somme de cent livres, à compte des journées par eux employées pour faire le salpêtre et, à l'instant, cette somme leur a été comptée et chacun d'eux a pris et retiré la somme de cinquante livres.

Signé : LAMAZE, président, LOUBIGNAC, secrétaire.

—

Séance du 19 Floréal, an 2 (8 mai 1794)

Après la lecture du buletin, décrets et gazettes et procès

verbal, l'Assemblée s'est ocupée du renouvellement du bureau, l'apel nominal fait dans les formes ord^res, il est résulté du recensement des voyes que le citoyen *Marchant*, fils, a été nommé président et les citoyens *Barutel* et *Bouret* secrétaires.

Signé : Lamaze, présidant, Loubignac, secrétaire.

Séance du 30 Floréal l'an 2ᵉ année républicaine
(19 mai 1794)

Appprès la lecture des loix et du buletin de la Convention, le citoyen *Leclerc*, membre de la Société populaire de Brive, a demandé la parole ; il a exposé que lad^e Société l'avoit nommé Comm^re pour se transporter dans le présent canton, aux fins de recevoir les soumissions volontaires des patriotes qui voudroient contribuer à faire la somme nécessaire pour l'établissement projetté, à Brive, d'une manufacture d'armes blanches, il a déposé en conséquence, sur le bureau, la commission à lui donnée dont lecture a été faite à haute voix ; plusieurs citoyens se sont ensuite empressés de souscrire, chacun suivant leurs facultés.

Le citoyen *Marchant*, fils, juge de paix, a dit ensuite que, le 22 brumaire dernier, il avoit donné, tant que la guerre dureroit, les deux tiers de son traitement pour le soutien de la Liberté, qu'un décret de la Convention, postérieurement rendu, ayant défendu aux fonctionnaires publics de renoncer à leurs traitements, sauf à eux à en faire, pour l'utilité publique, telle application qu'ils aviseroient ; il déclaroit vouloir destiner la somme de cinq cent livres, faisant partie de l'offre volontaire par lui faite, pour procurer l'établissement à Brive de la manufacture d'armes projettée, que son vœu se trouvait parfaitement rempli puisque les armes qui seroient fabriquées devoient être employées à exterminer les tyrans et leurs satellites contre lesquels le Peuple françois défend sa liberté.

Leclerc a ensuite prié l'Assemblée de nommer un de ses

membres pour l'accompagner dans les communes du canton ; déférend à son désir, l'Assemblée a nommé le citoyen *Lajouanie* pour lui aider à remplir dans le canton l'objet de sa mission.

(Pas de signatures.)

Séance du 9 Prairial, an 2 (28 mai 1794)

La lecture du procès verbal de la séance précédente a été faite, on a ensuite publié les loix et lu les papiers, nouvelles et le buletin de la Convention.

La discussion n'a offert rien d'intéressant.

(Pas de signatures.)

LIBERTÉ, EGALITÉ

Séance du 10 Prairial, 2ᵉ année républicaine
(29 mai 1794)

La lecture des nouvelles et du buletin achevés le citoyen *Chatemiche*, instituteur de la présente commune, a demandé la parole, il a dit que son intention étant de commencer l'instruction et de donner aux enfants de cette commune l'éducation et les principes républicains, il désireroit que les père et mère des élèves et autres citoyens ici présents, déterminassent, de concert avec les membres de la Société, l'heure de la classe et du rassemblement des enfants.

En conséquence, la discussion s'est ouverte sur ce sujet, quelques membres ont opiné pour faire deux classes, l'une le matin, l'autre l'après midi, de deux heures de durée chacune, fondant leur avis sur le motif que les élèves qui ne pourroient pas se rendre à la 1re classe se rendroient à la seconde.

Plusieurs autres membres ont observé que le seul moment que la très grande majeure des enfants de la commune eussent de libre dans la journée c'étoit, dans cette saison, depuis les 10 heures du matin jusqu'à deux heures du soir ; qu'à cinq heures du matin, il étoit d'usage de mener paître les bestiaux qui ne rentroient à la bergerie que vers les neuf heures ; que le gardage recommençoit ensuite à deux heures de l'apprès midi jusqu'à la nuit. Qu'il n'étoit donc pas possible de faire deux classes pour les enfants de la campagne et ceux du chef-lieu qui étoient occupés par les parents au touchage du bétail et que ceux-là faisoient la majeure, qu'on ne pouvoit donc faire qu'une seule classe de quatre heures de tems, depuis dix heures du matin jusqu'à deux heures de l'apprès midi.

La question mise aux voix, la très grande majorité des citoyens présents ont voté pour une seule classe, depuis les dix heures du matin jusqu'à deux heures du soir.

Signé : MARCHANT, président.

Séance du 24 Prairial, an 2 (12 juin 1794)

La lecture du procès verbal de la séance précédente et du buletin a été faite.

Un membre a ensuite proposé d'inviter les père et mère, habitants de la commune, à envoyer leurs enfants à l'école publique et de leur faire connoitre les peines qu'ils encourrent en contrevenant à la loi qui les y oblige.

Un autre membre a observé que les parents qui ne rempliroient pas ce devoir manqueroient à la fois à ce qu'ils doivent à la République et à leurs enfants dont ils laisseroient les talents enfouis et nuiroient par là à leur avancement ; le même membre a proposé de charger la municipalité de l'avertissement à faire aux parents et de la rendre responsable de sa négligence à remplir ce devoir et à surveiller exactement l'exécution de la loi.

La proposition mise aux voix, il a été arrêté, à la majorité, que la municipalité donneroit tous ses soins et sa vigilance pour procurer l'exécution de la loi et que les parents, une fois avertis, qui négligeroient de se conformer au décret, seroient dénoncés et subiroient les peines qu'il prononce.

Il a été pareillement arrêté, sur la proposition d'un membre de la Société, que le capitaine des élèves, organisés en compagnie par l'instituteur, pourroit faire des invitations au père et mère d'envoyer leurs enfants aux exercices qui auroient lieu aux jours et heure indiqués et leur donner avis de ceux qui auroient manqué à se rendre.

Un membre a proposé qu'il y eut, dans la salle de la Société, une place assignée aux femmes, séparée de celle des hommes; la motion mise aux voix, il a été arrêté que les femmes se placeroient à la gauche du Bureau, les hommes à la droite et les enfants en face du président.

Il a été proposé par un autre membre que la liste des sociétaires fut coppiée, remise à la Société pour être, à chaque assemblée, nommé un censeur qui maintiendroit l'ordre pendant les séances de la Société.

La proposition, mise aux voix, a été accueillie dans tous ses points.

L'Assemblée reconnaissant le républicanisme de *Chatemiche*, instituteur, l'a reçu membre de la Société.

Signé : MARCHANT, président.

Séance du 30 Prairial, an 2 (18 juin 1794)

Le procès verbal de la séance précédente a été lu, il a été pareillement fait lecture des loix et du buletin.

Un membre a fait la proposition qu'il fut fait une invitation à tous les habitants de la commune de se rendre exactement aux séances de la Société pour entendre la lecture des décrets et des nouvelles.

Un autre membre a fait la motion que tout Sociétaire qui

ne se rendra pas à la séance de la Société et aux assemblées de la commune, les jours de décadi, pour assister à la lecture des loix et de l'instruction qui aura lieu, sera, s'il est membre de la Société, dénoncé et expulsé de la Société et, s'il n'est pas reçu dans la Société, dénoncé à l'opinion publique.

La motion, mise aux voix, a été adoptée à une grande majorité et il a été arrêté que les membres de la Société, s'ils ne se rendoient aux séances les jours de décade, à moins de raisons légitimes, seraient rayés du tableau ou liste des membres de lad. Société et que ceux qui n'y sont pas reçus seront dénoncés à l'opinion publique.

Il a été procédé ensuite au renouvellement du Bureau; l'appel nominal fait des membres présents, il est résulté du recensement des voix que le citoyen *Blusson* a été nommé président et les citoyens *Chatemiche* et *Lajouanie* secrétaires.

Signé : MARCHANT, président.

Séance du 3ᵉ Messidor, an 2 (21 juin 1794)

Il a été proposé à la sanction de la Société le Certificat de civisme du citoyen *Marchant*, maire et habitant la commune de la *Fraternité*. La Société a arrêté qu'elle ne viserait le dit Certificat que lorsqu'elle aurait pris les renseignements nécessaires pour scavoir s'il existait ou non une Société populaire à la *Fraternité*, les Certificats de civisme devant être visés par la Société la plus proche du lieu qu'abitte l'individu qui le sollicite.

La séance a été terminée par la lecture des nouvelles et a été levée à 10 heures.

Signé : BLUSSON, président, CHATEMICHE lainé, secrétᵣₑ.

Séance du 6ᵉ Messidor, an 2 (25 juin 1794)

Une députation de la commune de la *Fraternité* se présente à la Société, elle témoigne, au nom de cette commune, combien elle a été affectée du refus de la Société de Larche relativement au visat du Certificat de civisme du citoyen *Marchant*; elle demande à en connoître les motifs, tant pour déffendre le citoyen *Marchant*, s'il est injustement inculpé, que pour le faire punir s'il est réellement coupable.

Le président donne connoissance aux pétitionnaires des motifs qui ont déterminé cette Société à ajourner le Certificat de civisme du citoyen *Marchant* et la Société atteste que ce dernier n'a jamais dévié des principes de la Révolution et qu'en conséquence, elle le regarde comme un franc et loyal républicain; la députation paroit satisfaite et la séance est levée à 10 heures et demie.

Signé : BLUSSON, président, CHATEMICHE lainé, secrét^{re}.

—

LIBERTÉ   EGALITÉ

Séance du 9ᵉ Messidor, an 2 (28 juin 1794)

Un membre demande la parolle, il témoigne en peu de mots combien il est nécessaire de procéder, dans le plus court délai, à l'épuration des membres de cette Société; « déjà cette motion, — plusieurs fois répétée, a-t-il dit, — » a été arrettée dans cette enceinte et je suis peiné de n'en » voir jamais opérer l'exécution. »

Plusieurs membres ont observé qu'il vaudrait beaucoup mieux renvoyer le scrutin épuratoire après la récolte; qu'alors les sociétaires, moins occupés, pourraient se rendre en plus grand nombre.

La Société a arrêté que le scrutin serait renvoyé au 1ᵉʳ thermidor.

On s'est occupé ensuite de la lecture des nouvelles et la séance a été levée à 9 heures et demi.

Signé : BLUSSON, président, CHATEMICHE lainé, secrét^{re}.

Séance du 11e Messidor, an 2 (30 juin 1794)

Cette séance a été employée à la lecture des bulletins et des loix. Elle a été levée à 10 heures.

(Pas de signatures.)

Séances des 13, 16, 19, 21, 24 et 27 Messidor

Lecture des nouvelles.

(Pas de signatures.)

Séance du 30 Messidor, an 2 (18 juillet 1794)

Après la lecture des nouvelles, un membre observe que la récolte n'étant pas encore finie, il serait utile et même indispensable de différer l'arrêté du neuf du présent mois relatif au scrutin épuratoire, au 10e thermidor.

Cette motion a été apuyée, mise aux voix et arrêtée.

La séance a été levée à 10 heures.

Signé : BLUSSON, président, CHATEMICHE.

Séance du 1er Thermidor (an 2)
(19 Juillet 1794)

Un membre a observé à la Société qu'il n'existait, dans son enceinte, aucun emblème de la Liberté.

La Société a unanimement arrêté que le drapeau tricolor, déposé chez le citoyen *Denoi*, serait apporté à la salle de la Société et placé vis à vis du bureau.

La séance a été levée à 3 heures.

Signé : Blusson, président, Chatemiche, s^{re}.

Séance du 10e Thermidor (an 2)
(28 Juillet 1794)

Le président a observé à la Société que l'ordre ammenait le scrutin épuratoire. Plusieurs membres ont observé que, vu la pénurie des subsistances et l'impossibilité de réunir les sociétaires, presque tous occupés à achever de lever la récolte ou à la bataison, il serait encore nécessaire de renvoyer le scrutin épuratoire au 1er fructidor. Adopté.

La séance a été levée à midy.

Signé : Blusson, président, Chatemiche, secrét.

Séance du 13e Thermidor (an 2)
(31 Juillet 1794)

Aussitot après l'ouverture de la séance, un membre a observé que, depuis longtemps, la commune de Larche se proposait de faire construire une halle et, après avoir démontré les avantages qu'il pouvait en résulter, il a demandé qu'il fut nommé quatre commissaires chargés d'examiner la localité la plus propre à cette construction et d'en faire le raport dans le plus court délai. Adopté.

La séance a été levée à 10 heures.

Signés : Blusson, président, Chatemiche.

Séance du 20ᵉ Thermidor (an 2)
(7 août 1794)

Le président a observé que l'ordre du jour ramenait le renouvellement du bureau et que, par conséquent, il demandait qu'on y procéda sans désemparer. L'apel nominal fait, il est résulté du dépouillement du scrutin que le citoyen *Bourieux* a été nommé pour président, *Loubignac* et *Chatemiche* secrétaires. La séance a été levée à neuf heures.

Signé : Blusson, président, Chatemiche, secrétaire.

Séance du 26ᵉ Thermidor (an 2)
(13 août 1794)

Après la lecture des nouvelles, les commissaires, chargés d'examiner la localité propre à la construction de la halle, ont raporté à la Société le résultat de leur spéculation ; plusieurs contestations se sont élevées à ce sujet. La Société a arrêtté qu'il serait nommé de nouveaux commissaires, pris 2 de chaque extrémité de la commune, qui désigneraient définitivement le lieu le plus propre à cette construction. La séance a été levée à 9 heures.

Signé : Chatemiche, secr.

Séance du 1ᵉʳ Fructidor (an 2)
(18 août 1794)

Le président a observé que l'ordre du jour ammenait le scrutin épuratoire ; la série de questions proposées et acceptées par la Société, la lecture des nouvelles faites. Le président a procédé à l'épuration ; tous les membres qui sont montés à la tribune ont été agréés par la Société qui a arrêté qu'il serait procédé, tous les jours de séance et sans interruption, au scrutin épuratoire jusqu'à extinction. La séance a été levée à midi et demy.

Signé : CHATEMICHE, secrétaire.

—

Séance du 3ᵉ Fructidor (an 2)
(20 août 1794)

Un membre a proposé de faire une adresse à la Convention nationalle pour la féliciter sur ses glorieux travaux et sur l'énergie qu'elle avait démontrée en faisant tomber la tette du tiran *Robespierre* et ses adhérans ; cette proposition a été unanimement adoptée et le bureau chargé de la rédaction.

La Société a ensuite passé à l'épuration de ses membres. Le citoyen *Barutel*, maire, monte à la tribune ; plusieurs inculpations lui sont faites par un membre, une vive contestation s'élève entre le dénontiateur et l'acusé, ils s'acusent tour à tour. La Société ajourne à la prochaine séance le citoyen *Barutel*. La séance est levée à 10 heures.

Signé : CHATEMICHE, secrét.

—

Séance du 6ᵉ Fructidor (an 2)
(23 août 1794)

Lecture des nouvelles ; il n'a pu être procédé à l'épuration, vu le petit nombre des membres qui se sont rendus à la Société. La séance a été levée à 9 heures.

Signé : CHATEMICHE, secrᵗ.

—

Séance du 10ᵉ Fructidor (an 2)
(27 août 1794)

On demande la lecture du procès-verbal ; lecture faitte, *Barutel*, maire, remonte à la tribune ; de nouvelles dénontiations s'élèvent contre lui, il cherche à se justifier, une rumeur scandaleuse s'élève, le président se couvre, le calme se rétablit ; les dénontiations faites dans cette séance contre le citoy. *Barutel* ne paraissant porter que sur des contestations particulières, la Société nomme quatre commissaires pour les consillier et ajourne encore le citoyen *Barutel*.

Le citoyen *Coudert* demande à la Société la permission de faire extraire des pierres du chateau ; arretté, à la condition que la municipalité demeurerait chargée d'indiquer le lieu ou il pourait l'extraire.

Le citoyen *Laffon*, de Pasayac, ayant fait la mesme demande pour cent quartiers seulement, la Société la lui a accordée aux mesmes conditions.

Sur la proposition d'un membre, la Société arrette qu'il sera député vers la municipalité pour l'inviter à faire déblayer, dans le plus court délai, les décombres provenant de la démolition du chateau.

La séance est levée à une heure.

Signé : CHATEMICHE.

—

Séance du 15 Fructidor (an 2)
(31 août 1794)

Lecture des nouvelles ; scrutin épuratoire.

(Pas de signatures.)

—

Séance du 20 Fructidor (an 2)
(6 septembre 1794)

Plusieurs motions ont été faites tendentes à faire cesser

les divisions qui paroissoient régner entre les municipalités de Larche et de Laffeuillade sur la police relative aux foires qui ont eu lieu, de tout tems et tous les mois, dans la commune de Larche et dont le foiral paroit séparé de cette commune, par le ruisseau de Couse, qui divise le département de la Corrèze et celui de la Dordogne.

La Société a unanimement arrêté que, pour obvier à ces inconvénients, il seroit nommé deux commissaires à l'effet de se rendre vers la Société de Laffeuillade pour l'inviter à nommer aussi deux commissaires qui, se réunissant à ceux de Larche, resteroient chargés d'addresser un mémoire au Comité de division tendant à réunir ces deux communes ne pouvant rester séparées, vu l'intimité des localités.

La séance a été levée à 10 heures.

Signé : CHATEMICHE, secrétaire.

Séance du 22ᵉ Fructidor (an 2)
(8 septembre 1794)

Aussitôt après l'ouverture de la séance, la lecture des nouvelles a été interrompue par une motion tendant à terminer le scrutin épuratoire ; plusieurs membres ont observé que l'insouciance et le modérantisme pouvaient seuls retarder une opération aussi essentielle, et la Société a unanimement arrêté que, tous les jours de séance, elle procèderoit à l'épuration, avant la lecture des nouvelles.

La séance a été levée à 10 heures.

Signé : CHATEMICHE, secrétaire.

Séance du 26ᵉ Fructidor (an 2)
(12 septembre 1794)

Aussitôt après la lecture des nouvelles, les commissaires nommés par la Société vers celle de Brive ont rendu compte

de leur mission, ils ont fait part de l'accueil fraternel de nos frères de Brive. « Ce n'est pas d'aujourd'hui, — ont-ils
» dit, — que le dévouement de nos frères de Larche nous
» est connu ; dans touttes les occasions ils ont partagé nos
» principes. »

Le président de la Société de Brive a donné aux commissaires l'accollade fraternelle et leur a témoigné, en peu de mots, combien la Société était pénétrée de cette démarche fraternelle.

Un membre a ensuite demandé la parolle et a observé que plusieurs membres s'étaient plaints que, dans la dernière séance, la Société avait terminé le scrutin épuratoire, malgré qu'il ni eut qu'un très petit nombre de membres. La Société a arretté que le 30ᵉ fructidor, jour de décade, le résultat du scrutin serait présenté au peuple rassemblé en Société pour qu'il y donna sa sanction.

La séance a été levée à 9 heures.

Signé : CHATEMICHE, secrétaire.

Séance du 30ᵉ Fructidor (an 2)
(16 septembre 1794)

La Société a passé au renouvellement du bureau ; il est résulté du scrutin que *Chatemiche* a été nommé pour président, *Bouret* et *Loubignac* huissier secrétaires. On a ensuite proposé de faire sanctionner le scrutin épuratoire. La Société a arretté que, vu la minorité des membres, il serait renvoyé à la séance du soir.

La séance a été levée à 1 heure.

(Pas de signatures.)

Séance du soir du 30ᵉ Fructidor (an 2)
(16 septembre 1794)

Aussitôt après l'ouverture de la séance, le président fait

connaitre à la Société que le but de la séance extraordinaire était la perfection du scrutin épuratoire ; et la Société a arretté que, vu l'absence de la majorité des membres, la sanction du scrutin serait renvoyée au dernier jour complémentaire.

La séance a été levée à 5 heures.

Signé : CHATEMICHE, président.

—

Séance du 3ᵉ Complémentaire
(19 septembre 1794)

(Pas de délibération inscrite.)

REGISTRE

DU

COMITÉ DE SURVEILLANCE

DE LA COMMUNE DE LARCHE (1)

Séance du 10 Brumaire an 2 (1ᵉʳ novembre 1793)

Le Comité de surveillance du canton de Larche (2) s'est réuni à l'effet de délibérer sur le parti à prendre vis à vis des gens suspects du canton. Oui les rapports concernant les citoyens et citoyennes, alliés à des émigrés au degré porté par la loi, déclarés suspects à la République.

1° La citoyenne *Felet*, fille, trois frères émigrés ou réputés tels, domiciliée dans la commune de Saint-Pantaléon-

2° La citoyenne *Maussac*, veuve Daignac, et sa fille, ci-devant nobles, domiciliées dans la commune de St-Cernin, un frère et un oncle émigrés.

3° La citoyenne épouse *Laferrière*, ayant un frère émigré, domiciliée dans lad. commune de Saint-Cernin.

Vu les dénonciations faites contre les citoyens *Lanier*, domicilié dans la commune de Saint-Pantaléon, et *Marty*, du village de Mazazou, commune de Chartriers, pour propos inciviques.

Le Comité arrête qu'il sera tout de suite décerné des mandats d'arrêt contre les sus-nommés et qu'ils seront conduits à la maison de réclusion du district de Brive par les soins des officiers de la garde nationale de chaque commune.

Signé : CHAUMEL, président, DENOIX, secrétaire.

---

(1) Résumé de documents déposés aux Archives de la Corrèze.
(2) Voir la délibération du 13 octobre 1793 de la Société populaire, p. 31.

Le citoyen *Lasnier*, demeurant à Brive, expose par lettre du 6 novembre 1793, au Comité de Salut public de Brive, qu'il a appris qu'il avait été l'objet d'une dénonciation au Comité de Surveillance de Larche. Cette dénonciation, dit-il, n'a pu être faite que par ses deux domestiques, par esprit de vengeance, parce qu'il les avait surpris buvant son vin à sa campagne. Il affirme son civisme.

Signé : LASNIER.

Le Comité de Brive transmet cette pétition à celui de Larche en l'invitant à lui adresser une copie de la dénonciation et lui faire connaître les motifs du mandat d'arrêt contre Lasnier. — Le sextidi de la 2e décade du brumaire an 2.

Signé : DUCHAMP, président, Pierre MARBEAU, FROMAGE, LACOSTE, PÉJOINE, BESSAT, REBIÈRE.

—

Séance du 20 Brumaire an 2 (11 novembre 1793)

La citoyenne Marie *Felets*, du lieu de Gumont, expose par lettre au Comité de surveillance de Larche qu'elle est sous le coup d'un mandat d'arrestation, quelle ne s'en explique pas les motifs, qu'on ne peut la taxer d'incivisme, que son père est détenu à la maison d'arrêt de Brive et que sa maison se trouvera abandonnée.

Signé : Marie FELETS.

Le Comité de surveillance de Larche a sursis à l'arrestation de la citoyenne *Felets* jusqu'au dimanche 27 brumaire.

Signé : MARCHANT, LAFFON, GRANGÉ, BARUTEL, LAVERGNE, GAUCHET, surveillant.

—

Mandat d'arrêt délivré par le Comité de surveillance de Brive contre *Pécon-Laforet*, maire de Larche, coupable de plusieurs faits d'incivisme assez graves pour le faire regarder comme suspect et dangereux. — Ordre au Comité de Larche de le faire conduire à la maison d'arrêt de Brive;

dite Sainte-Ursule, sous bonne et sure escorte. — Invitation d'apposer, sur le champ, les scellés sur les papiers de *Pécon-Laforet* et de vérifier s'il y en a de suspects, confier cette mission à *Denoix* et *Lafon* : daté du 28 brumaire an 2.

  Signé : DUCHAMP, président, BEDOCH, MAUSSAC, MARTIN ainé, BLANCHARD ainé, DUMAS, LACOSTE, BESSAC, REBIÈRE, FROMAGE.

Procès-verbal du 1ᵉʳ frimaire constatant que le citoyen *Dutel*, officier de la garde nationale, a été requis de faire conduire sans délai à la prison de Brive *Pécon-Laforet* et que les scellés ont été apposés sur les armoires contenant ses papiers, le tout en vertu de l'arrêté du Comité de surveillance de Brive daté du 28 brumaire, reçu ce jour.

  Signé : GRANGÉ, BARUTEL, membres du Comité.

Le même jour, procès-verbal de levée des scellés et examen des papiers, en présence de *Pécon-Laforet* gardé par deux gardes nationaux ; étaient présents à cette opération : Pierre *Sage,* François *Albert* et Jean-Baptiste *Lamaze*. Il n'a été trouvé aucun papier suspect.

  Signé : GRANGÉ, membre du Comité, BARUTEL, membre du Comité, SAGE, ALBERT, LAMAZE et LAMAZE fils pour le secrétaire.

Le citoyen Pierre *Barutel*, de Larche, a conduit le citoyen *Lafauret* dans la maison d'arrêt de Brive, le 23 novembre 1793, l'an 2 de la République Franseize.

  Signé : BOUNEAU, gardien.

Séance du 11 Frimaire (2 décembre 1793)

Le Comité de surveillance de Larche arrête qu'il sera de suite délivré des mandats d'arrêt contre les particuliers ci-après :

1° L'abbé *Marque*, soit disant prêtre-prieur dans la ci-devant église collégiale du Dorat et frère à Pierre Marque, prêtre émigré. — Homme suspect à la République.

2° Le citoyen François *Bosredon*, habitant de la commune de Mansac, homme suspect à la République ; a donné des preuves du plus grand incivisme par propos et autres actions.

Il sera écrit aux officiers de la Garde nationale des communes de Mansac et de la Fraternité, pour conduire ces deux citoyens à la maison d'arrêt de Brive.

    Signé : Denoix, président, Chaumont, Grangé, Barutel, Laroche, Gibertie, Mathou, Chanourdie, Chaumel.

Séance du 16 Nivose, an 2 (5 janvier 1794)

Formation d'un nouveau Comité de surveillance par les citoyens de la commune ayant droit de voter. Président provisoire, le citoyen Pierre *Barutel*, scrutateurs provisoires, les citoyens *Gibertie*, *Barutel* cadet, *Lamaze* père ; *Lamaze* fils, secrétaire. L'appel nominal fait, les membres ci-dessus ont été maintenus. Ont été nommés membres du Comité : les citoyens *Blusson*, *Goursac*, Antoine *Loubignac*, Pierre *Faure*, Pierre *Sage*, *Lajoinie*, Jacques *Sage*, François *Sambat*, François *Pomarel*, *Certes*, Bernard *Gibertie* et Hippolyte *Loubignac*.

    Signé : Gibertie, scrutateur ; Lamaze, scrutateur ; Barutel, scrutateur ; Barutel, président ; Lamaze fils, secrétaire d'office.

Séance du 17 Nivose an 2 (6 janvier 1794)

Nomination du bureau du Comité.
Tous les membres sont présents.

— 89 —

Le citoyen Jean *Blusson* a été élu président et le citoyen François *Pomarel* secrétaire.

Signé : BLUSSON, président, SAGE, LOUBIGNAC, FAURE, GOURSAT, GIBERTIE, LAJOUANIE.

Séance du 4 Pluviose an 2 (23 janvier 1794)

Nomination par les citoyens de la commune, ayant droit de voter, d'un membre du Comité de surveillance pour remplacer le citoyen Jean *Blusson*, élu maire. — Le citoyen *Loubignac* fils, officier de santé, a été élu.

Signé : BLUSSON, maire ; POMAREL, scrutateur ; BARUTEL scrutateur ; SAGE, scrutateur ; LOUBIGNAC, DUTEL, officier municipal, BARUTEL, LOUBIGNAC, VERGNE, LAMAZE, LAMAZE fils, secrétaire d'office.

Séance du même jour

Renouvellement du bureau. — Le citoyen Jean *Loubignac* est nommé président et le citoyen *Sage* secrétaire.

Signé : LOUBIGNAC, président, SAGE, secrétaire.

Séance du 7 pluviose (26 janvier 1794)

Réponse à une lettre du 28 nivose de l'agent national de Brive au Comité de surveillance relative aux arrestations. — Il n'y a que *Pécon-Laforet* à la maison de réclusion ; il n'est pas dans la classe des ci-devant nobles, il a un frère prêtre absent. Sa fortune peut s'élever à huit mille livres. Son travail ordinaire est le roulage. Les motifs de son arrestation sont inconnus ; elle a été ordonnée par le Comité de Brive.

> Signé : LOUBIGNAC, président, SAGE, secrétaire, POMAREL, LACOMBE, GIBERTIE, GOURSAT.

Séance du 20 Pluviose (8 février 1794)

Lecture de documents publics.

> Signé : LOUBIGNAC, président, SAGE, secrétaire.

Séance du 1ᵉʳ Ventose an 2 (19 février 1794

Renouvellement du bureau. — Le citoyen *Lajouanie* a été élu président et le citoyen François *Pomarel* secrétaire.

> Signé : LAJOUANIE, président, François POMAREL, secrétaire, GOURSAT, GIBERTIE, SAGE.

Séance du 15 Ventose an 2 (5 mars 1794)

Renouvellement du bureau. *Loubignac*, président, *Sage* secrétaire.

Lecture de décrets, etc.

> Signé : LOUBIGNAC, président, SAGE, FAURE, LOUBIGNAC, LAJOUANIE, GIBERTIE.

Séance du 30 Ventose an 2 (20 mars 1794)

Tableau à remplir en ce qui concerne les détenus. La commune n'en a pas.

Certificat de civisme à viser pour le citoyen *Pomarel*, de Peyrefumade. Visa accordé.

    Signé : LAJOUANIE, SAGE secrétaire, LOUBIGNAC, GIBERTIE, GOURSAT, LOUBIGNAC, LAGORSSE.

Séance du 1er Germinal an 2 (21 mars 1794)

Renouvellement du bureau : ont été nommés, président Jean *Lajouanie*, secrétaire Jean *Loubignac*.

    Signé : LAJOUANIE, LOUBIGNAC, secrétaire, FAURE, LOUBIGNAC, GIBERTIE, GOURSAT, SAGE, LAGORSSE.

Séance du 4 Germinal an 2 (24 mars 1794)

Plusieurs particuliers de la commune se plaignent que la Municipalité leur a vendu les grains pris dans la commune, savoir : de très mauvaise méture, sur le pied de 18 livres le setier ; du balliard et jarousse pour semer au prix de 9 livres le setier. — Le Comité décide d'en donner avis au Comité de surveillance de Brive qui avisera.

    Signé : LAJOUANIE, président, LOUBIGNAC, secrétaire, SAGE, GIBERTIE, FAURE, LACOMBE, GOURSAT, LAGORSSE, LOUBIGNAC.

Séance du 10 Germinal an 2 (30 mars 1794)

Le Comité constate, renseignements pris, que les motifs de la plainte consignée à la séance du 4 courant sont exacts ; que le citoyen *Barutel*, maire, a fait une erreur involontaire et que les intéressés seront indemnisés à la prochaine distribution de grains.

> Signé : LAJOUANIE, président, LOUBIGNAC, secrétaire, LAGORSSE, GIBERTIE, LOUBIGNAC, GOURSAT, SAMBAT, FAURE, SAGE.

Séance du 16 Germinal an 2 (5 avril 1794)

Renouvellement du bureau. — Le citoyen Pierre *Faure* est nommé président et le citoyen Bernard *Gibertie* secrétaire.

> Signé : FAURE, président, GIBERTIE, secrétaire, LOUBIGNAC, GOURSAT, LAJOUANIE, SAGE, LAGORSSE.

Séance du' 1er Floréal an 2 (20 avril 1794)

Lecture des décrets, etc. — Renouvellement du bureau : président Jean *Certes*, secrétaire Antoine *Loubignac*.

> Signé : GIBERTIE, FAURE, SAGE, GOURSAT, LAGORSSE, LOUBIGNAC, LAJOUANIE ; PERIÉS ne sait signer.

Séance du 16 Floréal an 2 (5 mai 1794)

Renouvellement du bureau. — Président Pierre *Goursat*, secrétaire Pierre *Sage*.

> Signé : GOURSAT, président, SAGE, secrétaire, LAGORSSE, LOUBIGNAC, FAURE, GIBERTIE, LAJOUANIE.

Séance du 1ᵉʳ Prairial an 2 (20 mai 1794)

Lecture de décrets, etc. — Renouvellement du bureau. Président *Lajouanie*; secrétaire Jean *Loubignac*.

> Signé : LAJOUANIE, président, LOUBIGNAC, secrétaire, GOURSAT, SAGE, LAGORSSE, FAURE, GIBERTIE, LOUBIGNAC.

Séance du 16 Prairial an 2 (4 juin 1794)

Lecture des décrets, etc. — Renouvellement du bureau. Jacques *Lagorsse*, président ; Bernard *Gibertie*, secrétaire.

> Signé : LAGORSSE, président, GIBERTIE, secrétaire, FAURE, LOUBIGNAC, LAJOUANIE, SAGE, LOUBIGNAC, GOURSAT.

Séance du 1ᵉʳ Messidor an 2 (19 juin 1794)

Renouvellement du bureau. — Président Pierre *Faure;* secrétaire Antoine *Loubignac*.

> Signé : FAURE, président, LOUBIGNAC, secrétaire, LOUBIGNAC, LAJOUANIE, LAGORSSE, GOURSAT, GIBERTIE, SAGE.

Séance du 8 Messidor an 2 (26 juin 1794)

Le citoyen *Chatemiche,* instituteur de cette commune, se présente et expose qu'il signale comme suspect et contre-révolutionnaire le nommé *Guilhem*, demeurant chez le citoyen *Grangé*, au champ de Dalon, commune de Lafeuillade, comme l'ayant vu vis à vis la maison du citoyen

Loubignac prêchant le fanatisme à plusieurs femmes, disant qu'il ne fallait pas travailler le dimanche et a signé.

Signé : CHATEMICHE.

Le Comité décide d'aviser le Comité de surveillance de Lafeuillade qui statuera ce que de droit.

> Signé : FAURE, président, LOUBIGNAC, secrétaire, GIBERTIE, GOURSAT, LOUBIGNAC, François POMAREL.

Séance du 16 Messidor an 2 (4 juillet 1794)

Lecture des décrets, etc. — Les membres présents : Jean *Lajouanie*, Pierre *Faure*, Joseph *Puymège* qui remplace Jean *Périès*, Antoine *Loubignac*, Bernard *Gibertie*, Jean *Loubignac*, Pierre *Goursat*, Jacques *Lagorsse*, Jean *Certes*, François *Sambat*, François *Pomarel* et Pierre *Sage*, ont procédé au renouvellement du bureau.

Joseph *Puymège* a été nommé président et Pierre *Sage* secrétaire.

> Signé : PUYMÈGE, président, SAGE, secrétaire, GOURSAT, LOUBIGNAC, GIBERTIE, LOUBIGNAC, François POMAREL, FAURE.

Séance du 1er Thermidor an 2 (19 juillet 1794)

Lecture des décrets, etc. — Renouvellement du bureau : Président *Goursat*, secrétaire Jean *Loubignac*.

> Signé : GOURSAT, président, LOUBIGNAC, FAURE, PUYMÈGE, GIBERTIE, LOUBIGNAC, SAGE, François POMAREL.

Séance du 5 Thermidor an 2 (23 juillet 1794)

Lecture des décrets, etc. — Jean *Loubignac* est chargé d'accuser réception, à l'agent national de Brive, des documents officiels.

        Signé : Faure, président, Loubignac, secrétaire, François Pomarel, Puymège, Goursat, Sage, Gibertie, Loubignac.

Séance du 8 Thermidor an 2 (26 juillet 1794)

Le citoyen *Marchant*, juge de paix du canton de Larche, se présente devant le Comité. Il déclare qu'instruit que le citoyen Martin *Pestorie* avait tenu publiquement contre lui des propos tendant à ternir sa conduite révolutionnaire, il demande que led. *Pestorie* soit mandé de suite devant le Comité pour motiver son dire ; immédiatement a comparu le citoyen *Pestorie* qui déclare que, vers la fin de 1789, le citoyen *Marchant* l'avait exhorté à couper l'arbre de la Liberté planté à Larche et à se joindre à cet effet aux citoyens *Lagorse*, *Duteil*, *Périès* et Jacques *Lagorsse*.

Le citoyen *Marchant* a nié tous les faits, disant que *Pestorie* agit sous l'effet de la vengeance et de l'animosité qu'il a contre lui à cause d'un jugement qu'il a rendu ; que son patriotisme en 1789 est connu, qu'il fournit l'arbre de la Liberté et un dinde pour en célébrer la plantation, qu'il rédigea une adresse à la commune de Brive en faveur des cultivateurs d'Allassac détenus dans les cachots ; que du reste il n'aurait pas choisi son plus mortel ennemi pour lui faire des confidences de cette nature. Signé : Marchant et non Pestorie qui s'est retiré refusant entendre lecture du présent.

Le Comité arrête que *Pestorie* sera mis en demeure de prouver sans délai ce qu'il avance.

        Signé : Gibertie, Faure, Sage, François Pomarel, Loubignac, Puymège, Goursat, Loubignac.

Séance du 16 Thermidor an 2 (3 août 1794)

Lecture des décrets, etc. — Renouvellement du bureau : Président Pierre *Faure*, secrétaire Pierre *Goursat*.

>Signé : FAURE, président, GOURSAT, secrétaire, SAGE, PUYMÈGE, François POMAREL, LOUBIGNAC, GIBERTIE.

—

Séance du 1er Fructidor an 2 (18 août 1794)

Renouvellement du bureau : Président Antoine *Loubignac*, secrétaire Pierre *Goursat*.

>Signé : LOUBIGNAC, président, GOURSAT, secrétaire, PUYMÈGE, FAURE, François POMAREL, SAGE, GIBERTIE.

—

Séance du 16 Fructidor an 2 (2 septembre 1794)

Lecture des décrets, etc. — Renouvellement du bureau : Jean *Loubignac*, président, Bernard *Gibertie*, secrétaire.

>Signé : LOUBIGNAC, président, GIBERTIE, secrétaire, FAURE, LASSERRE-POMAREL, PUYMÈGE, GOURSAT, LOUBIGNAC, SAGE.

REGISTRE

DU

COMITÉ DE SURVEILLANCE

DE LA

FRATERNITÉ CI-DEVANT St-PANTALÉON (1)

—

Séance du 10 Nivose an 2 (30 décembre 1793)

Formation par les citoyens assemblés de la commune de la *Fraternité*, d'un Comité de surveillance. Ce Comité a été composé des citoyens : *Feyrignac, Maijonade* de Granges, *Chanourdie, Mathou* de Gumont, *Lavergne* fils, *Touzi, Vèderenne* du Nicoux, *Ségeral* de Bellotte, *Malès*, Pierre *Lestrade* de la Jarousse, Etienne *Lachèze*, Pierre *Couloumi* de Vinevialle et Jean *Chovignac* de Grange.

Séances ordinaires : les jours de décade et demi-décade. — Séances extraordinaires : sur convocation faite par le président.

Président, le citoyen *Touzi*; greffier, le citoyen *Lavergne*.

Mission est donnée à chaque membre de surveiller les citoyens de son village et lieux voisins qui chercheraient à troubler l'ordre et la tranquilité, de faire arrêter tout mendiant, colporteur, marchand et voyageur qui ne serait pas connu et le faire conduire au Comité.

Communication d'une lettre du Comité de surveillance de Brive écrite à la municipalité demandant la désignation de deux membres du Comité de la Fraternité pour assister à la levée des scellés apposés dans la maison du citoyen *Felets*, de Gumont, en arrestation à Brive. — *Touzi* et *Mathou* ont été désignés.

Signé : Touzi, président, Lavergne, greffier, Mathou, Vedrenne, Ségeral, Férignac, Malès, Chanourdie.

---

(1) Résumé de documents déposés aux Archives de la Corrèze.

Séance du 15 Nivose (4 janvier 1794)

Jean *Mathou* et Guillaume *Touzi*, désignés par le Comité et nommés par le Directoire du district de Brive pour la levée des scellés apposés dans la maison du citoyen *Félets*, rendent compte de leur mission et donnent lecture du procès-verbal de leurs opérations.

Le 13 nivose, ils se sont rendus à Gumont accompagnés du citoyen maire et de l'agent national ci devant procureur de la commune. Introduits dans la maison du citoyen *Félets* par les citoyens *Couloumi* et *Courniol*, commissaires-sequestres, les citoyens maire et procureur de cette commune, *Marchant* et *Vermeil*, ont reconnu les sceaux qu'ils avaient apposés et ont constaté qu'ils étaient intacts.

Après perquisition minutieuse dans tous les meubles, il n'a été trouvé aucun papier suspect. Les scellés ont été réapposés.

Le procès-verbal est signé : Touzi, commissaire, Mathou, commissaire, Marchant, maire, Vermeil, procureur de la commune, Couloumy, secrétaire ; Courniol n'a su signer.

Le citoyen maire communique au Comité une lettre du Comité de Brive invitant la Municipalité et le Comité de la Fraternité à donner les motifs des arrestations faites dans la commune.

Les officiers municipaux et le Comité se sont réunis pour en délibérer.

Il est dit que huit citoyens de cette commune ont été mis en arrestation : *Bachelerie-Durieux*, *Lavarde* père, *Denval* sa brue, *Félets* père, *Jaubertie* père et *Vielban-Gaye*, par les ordres du Comité de Brive ; et la fille dudit *Félets* et *Marque*, par ceux du Comité central de Larche — et que ces deux Comités doivent connaître les motifs des mandats d'arrêt qu'ils ont délivrés.

Signé : Marchant, maire, Chantalat, officier municipal, Deprach, officier municipal, Sautet, officier municipal, Vermeil, procureur de la commune.

Séance du 19 Nivose an 2 (8 janvier 1794)

Sur la demande des représentants du peuple *Brival* et *Lanot* du 5 nivose, le Comité est appelé à fournir des renseignements sur les citoyens détenus dans les différentes maisons d'arrêt.

Le président dit : « J'entrevois, mes amis, que le sort des « détenus est entre les mains du Comité de surveillance « et qu'ils sont leurs premiers juges. Or ils doivent banir « de leur esprit toute vengence et animosité, ils doivent « être justes comme la loi, ne pas confondre l'innocence « avec le crime. Il faut que le coupable soit puni et que « l'innocent triomphe ; délibérons en vrais républicains et « patriotes, disons la vérité, mais rien que la pure vérité « et ayons toujours sous les yeux ces deux principes : la « Justice, le Salut du Peuple. »

Le Comité fournit les renseignements suivants :

LAVARDE, — agé de 70 ans environ, père d'émigré, était avant la Révolution conseiller vétéran au Présidial de Brive, juge de Noailles et subdélégué de l'Intendant de la vicomté de Turenne ; ambitieux ; avait quelques rentes seigneuriales. Depuis la Révolution a habité Brive deux ans, ensuite a habité tantôt Brive tantôt la Fraternité, suivant les airs du vent, moyen infaillible de ne pas se compromettre. N'a jamais prit parti ouvertement se réservant toujours une échappatoire ; a dû faire ses actes civiques à Brive et y prêter les serments requis. N'a jamais paru dans les assemblées. Ici très retiré, paisible et tranquille ; a donné dans la dévotion ; vit de ses revenus. Son bien d'une valeur de 70 à 75,000 livres est chargé de deux dots, celle de sa femme et celle de sa brue.

Le Comité de Brive doit être consulté.

DANVAL, — 43 ans environ, femme d'émigré, a habité 2 ans la commune, très retirée, occupée de son ménage, fort laborieuse, paisible et tranquille. Cinq enfants (deux filles, trois garçons), le plus âgé, fille de 13 ans, abandonnés à eux-mêmes, confiés à des domestiques dangereux. Ne paraît pas dangereuse. Très nécessaire à sa famille.

Vielban-Gaye, — 39 ans environ, ancien lieutenant particulier au sénéchal et présidial, habitait Brive les premières années de la Révolution, a dû y faire ses actes civiques et voter dans les assemblées ; retiré dans cette commune depuis un an, a paru ami de l'ordre, de la paix et des lois ; populaire, de sang-froid au milieu de l'orage ; a paru porté pour la Révolution. S'était adonné à l'agriculture. Pas d'émigrés dans sa famille, n'est point noble. Vit de son revenu. On ignore sa fortune. Marié, 3 enfants, 12, 10 et 8 ans. Le Comité de Brive doit être consulté.

Bachélerie-Durieux, — 55 ans environ, ancien chevalier de l'ordre de Saint-Louis, subdélégué de l'Intendant à Brive, homme de confiance de l'abbé d'Aubazine ; marié, 4 enfants, 2 filles, 2 garçons, de 8 à 16 ans. Le plus âgé est aux frontières ; pas noble, pas d'émigrés dans sa famille, très populaire et grand agriculteur ; a montré beaucoup de zèle et de patriotisme étant commandant de la garde nationale de la Fraternité ; après son remplacement a vécu très retiré, paisible et tranquille. Doit avoir accepté la Constitution. Le Comité n'a pas à juger la valeur et la force des propos qui lui sont imputés. Sa fortune est évaluée de 60 à 65 mille livres. Peu d'aisanse. Ne paraît pas dangereux. Le Comité de Brive doit être consulté. Détenu depuis le 11 brumaire.

Jaubertie père, — 62 ans environ, aubergiste et cultivateur, pas d'émigrés dans sa famille, au contraire son fils cadet est volontaire dans le 2e bataillon de la Corrèze, vit de son travail et du revenu du bien de sa femme, ami de la paix, de la tranquilité et de la Révolution. Sa fréquentation de la maison de Lavarde est sans conséquence, ses assiduités sont dues à l'amitié et à l'attachement qui ont toujours régnés de père en fils entre les deux familles ; n'est nullement dangereux.

Marque, cadet, — garçon, 32 ans environ, diacre présumé prêtre ; sans fortune, a vécu pendant la Révolution de son talent ; a été instituteur dans plusieurs maisons riches à Lubersac, Limoges et Montignac ; frère à Marque, chanoine de Brive, qui a passé en Espagne. N'habite la commune que pendant trois mois ; a paru paisible et tranquille. Détenu depuis quatre mois. Pas de plainte contre lui.

Felets, — de Gumond, âgé de 50 ans environ, veuf, ci-devant noble, père de 2 fils émigrés âgés de 27 et 23 ans. Pas de poste ni grade de l'ancien gouvernement, a vécu de son revenu, agriculteur, affable et très populaire ; fortune de 45 à 50 mille livres chargée de la dot de sa femme. Pas d'aisance, ses fils servaient depuis 4 à 5 ans dans des régiments de ligne ; il y en a un 3e prêtre, âgé de 26 ans, non salarié ni fonctionnaire public, retiré dans sa famille maternelle. A donné des preuves de son attachement à la Révolution, à la paix, à la tranquilité et au bon ordre. Ses papiers ont été visités, aucun de suspects.

Ne paraît pas dangereux.

Sa fille, — âgée de 18 ans environ, très retirée, fort laborieuse, ne s'occupant que de sa maison, paisible et tranquille ; n'a donné aucune preuve d'incivisme.

Il sera joint au présent copie des délibérations prises à la Municipalité relatives aux détenus sus-nommés.

   Signé par ceux qui ont su : Touzi, président, Lavergne, secrétaire, Malès, Ségeral, Férignac, Mathou, Mayjonade.

—

Séance du 30 Nivose (26 janvier 1794)

Le président dit :

« Citoyens, comme surveillans de l'exécution des loix, du
« maintien de la République et du salut du Peuple, si quel-

« qu'un a connaissance de quelque complot, de quelque
« infraction, qu'il parle. »

Personne n'a de communication à faire.

Renouvellement du bureau, sont nommés : le citoyen *Méjonade* président, le citoyen *Chanourdie* secrétaire.

Ont signé : MEYJONADE, président, CHANOURDIE, secrétaire, LAVERGNE, MATHOU, VEDRENNE, MALÈS, TOUZI.

Séance du 10 Pluviose (4 février 1794)

Lecture du décret du 18 nivose relatif à la recherche des crimes attentatoires à la liberté, l'égalité, à l'unité et à l'indivisibilité de la République ; ce décret, quoique n'ayant pas été envoyé officiellement, sera exécuté, persuadé que les corps administratifs ne pourront qu'applaudir et louer le zèle du Comité, d'autant plus qu'il s'agit du salut de la République.

Signé : MAYJONADE, président, CHANOURDIE, secrétaire.

Séance du 14 Pluviose (31 janvier 1794)

Lecture d'instructions du Comité de Salut public de Paris en date du 28 nivose. — Communication de trois ordres du citoyen *Lanot,* représentant du peuple, relatif à l'élargissement de la maison d'arrêt du district des trois citoyens ci-après nommés qui, néanmoins, resteront sous la surveillance des autorités constituées, municipalité et Comité de surveillance :

JAUBERTIE Jean, — ordre du 4 pluviose signé Lanot, enregistré le 8 au Comité de surveillance de Brive, signé DUMAS, président.

Feleix, — fille, de Gumont, du 7 pluviose, signé Lanot, enregistré au même Comité le même jour, signé Chatemiche aîné, secrétaire.

Femme Lavarde, — du 7 pluviose, signé Lanot, enregistré au même Comité ledit jour, signé Chatemiche aîné, secrétaire.

Signé : Mayjonade, président.

Séance du 20 Pluviose (6 février 1794)

Sur la demande du président, les membres déclarent qu'ils n'ont eu connaissance d'aucun complot contre la Liberté et l'Egalité, ni plainte à porter pour attentat à l'unité et à l'indivisibilité de la République.

Approbation d'un Certificat de civisme en faveur du citoyen *Touzi*.

Renouvellement du bureau : Jean *Mathou* est nommé président, Bertrand *Férignac* secrétaire.

Renouvellement entier du Comité par la commune à la prochaine décade.

> Signé : Mayjonade, président, Chanourdie, secrétaire, Férignac, Ségeral, Lavergne, Vedrenne. Mathou.

Séance du 30 Pluviose (18 février 1794)

Dépôt sur le bureau de plusieurs décrets. — La Convention ayant décrété un nouveau mode d'organisation des

Comités de surveillance, le renouvellement du Comité de la Fraternité est ajourné.

Signé : MATHOU, président, FÉRIGNAC, secrétaire.

Séance du 10 Ventose (28 février 1794)

Lecture d'un décret. — Invitation aux citoyens à travailler les dimanches et à célébrer les jours de décade ; les membres du Comité donneront l'exemple. Chacun à son tour, fera une instruction au peuple contre le fanatisme.

Signé : MATHOU, président, FÉRIGNAC, secrétaire.

Séance du 20 Ventose (10 mars 1794)

Renouvellement du Comité par les citoyens de la commune rassemblés ; ont été nommés : Jean-Baptiste *Mayjonade*, de Granges, Jean *Mathou*, de Gumond, Joseph *Lavergne* fils, de Puymaurel, Guillaume *Touzi*, Bertrand *Férignac*, Antoine *Ségeral*, de Belotte, Pierre *Malès*, d'Audeguil, Jean *Vedrene*, de Nicoux, Jean *Chouvignac*, de Granges, Pierre *Lestrade*, de la Jarousse, Pierre *Couloumi*, de Vinevialle, Marc *Chanourdie*, de Lestrade.

Le citoyen *Touzi* a été élu président et le citoyen *Lavergne*, secrétaire.

Enregistrement de divers décrets.

Il est arrêté que, de concert avec la municipalité, il sera fait subrepticement des visites domiciliaires pour connaitre les ressources en grains de la commune ; il en sera présenté un tableau au Comité.

Signé : MATHOU, président, TOUZI, VEDRENNE, CHANOURDIE, FÉRIGNAC, MAYJONADE, LAVERGNE, MALÈS, SÉGERAL.

Séance du 28 Ventose (18 mars 1794)

Communication d'un tableau à remplir concernant la conduite des gens détenus suspects, — renvoyé au lendemain.

Il est décidé que les citoyens requis de grains n'en feront plus la livraison aux particuliers ; ce grain sera conduit à la municipalité pour être mêlé et confondu avec celui envoyé par le district de façon que chaque citoyen soit servi de la même manière. Dans la distribution on aura égard au nombre des personnes qui composent les ménages.

Signé : Touzi, président, Lavergne, secrétaire, Malès, Ségeral, Mathou, Chanourdie, Vedrenne, Férignac ; Pierre Lestrade n'a su signer.

Séance du 29 Ventose (19 mars 1794)

Vu les difficultés de convoquer les membres du Comité, il est décidé qu'ils seront avertis des réunions au son de la cloche. En conséquence le marteau sera remis à la cloche et, pour qu'il n'y ait pas de confusion, elle sera sonnée à tout vent, savoir : un banc pour la Municipalité, deux pour le Conseil de la commune, et trois pour le Comité.

Le Comité des subsistances de Brive avise qu'il ne peut recevoir assez de grains du Lot et Lot-et-Garonne pour fournir aux indigents par ce qu'il manque de moyens de transport ; le Comité de surveillance de la Fraternité arrête que, de concert avec la municipalité, les citoyens de cette commune, qui ont plusieurs paires de bœufs, seront invités à aller avec bœufs et charrettes prendre des grains à Souilhac ou à égale distance dans tout autre lieu, pour les conduire à Brive, et ce après les semences des blés de mars. Les bœufs et conducteurs seront nourris et payés s'ils l'exigent et, en cas d'accidents, sauf maladie, sur leurs bœufs ou charrettes, ils seront indemnisés par les habitants du district.

Examen du tableau des gens détenus comme suspects. Séance renvoyée au lendemain.

Signé : Touzi, président, Lavergne, secrétaire, Malès, Chanourdie, Mathou, Férignac, Vedrenne.

Séance du 30 Ventose (20 mars 1794)

Continuation de l'examen du tableau des gens suspects. — Un membre rapporte que *Bachélerie-Durieux* est accusé d'avoir tenu des propos contre la Constitution. — Les citoyens François *Rouchelon* et Jean *Lacoste*, de Gumond, témoins auriculaires entendus, le Comité déclare que ces propos sont sans importance.

Signé : Touzi, président, Lavergne, secrétaire, Mathou, Vedrenne, Malès, Férignac.

Séance du 3 Germinal (23 mars 1794)

Lecture d'une feuille publique contenant le décret du 23 ventose concernant les ennemis intérieurs de la République et le Salut du Peuple ; ce décret, quoique n'étant pas notifié officiellement, sera mis à exécution. En conséquence, la femme *Danval* épouse du sieur *Lavarde*, émigré, mise en liberté, sera réintégrée en prison attendu sa qualité de femme d'émigré. Mais, considérant qu'elle a 5 enfants de 7 à 16 ans qui resteraient sans surveillance, le Comité décide que lad.' *Lavarde* comparaîtra devant lui pour indiquer les précautions qu'elle a l'intention de prendre à l'égard de ses enfants. Lad. *Lavarde* ayant comparu a déclaré qu'elle confiait la surveillance de ses enfants aux amis de l'humanité, à la tendresse des pères et aux soins de la République. — Lad. *Lavarde* ayant observé qu'elle n'avait personne pour garder sa maison et veiller sur ses enfants, a réclamé un délai de deux jours pour réintégrer la maison d'arrêt. Le Comité a aquiescé à sa demande et a désigné deux sans-culottes : les citoyens François *Franchie* et Antoine *Brival*, habitants du bourg, pour la garder et la représenter à première réquisition.

Confection du tableau des détenus de la commune dans la maison d'arrêt de Brive, savoir : *Vielbans-Gaye, Felets, Marque, Bachellerie-Durieux* et *Lavarde*.

(Les renseignements fournis par le Comité sont, à peu de chose près, la reproduction de ceux consignés dans la séance du 19 nivose.)

Signé : Touzi, président, Lavergne, secrétaire, Malès, Vedrenne, Chanourdie, Férignac, Ségeral, Mayjonade ; Jean Chauvignac et Pierre Couloumi n'ont su signer.

—

Séance du 5 Germinal (25 mars 1794)

Lecture des lettres et des décrets. Le président annonce la visite, pour aujourd'hui ou demain, de deux commissaires, les citoyens *Labrunie* et *Lafeuille*, nommés par la Direction du district pour faire exécuter le décret rendu à la suite du rapport de Saint-Just, relatif aux personnes incarcérées ; il invite les membres du Comité à se trouver à leur poste.

La femme *Lavarde* se présente et demande un délai de quelques jours pour se rendre à la maison d'arrêt, afin de faire la lessive du linge de sa maison ; elle prie le Comité de veiller sur ses enfants. Le Comité lui accorde jusqu'au lendemain de la 1re décade et lui maintient un garde.

Les commissaires du district sont introduits, il leur est rendu compte de la tranquilité qui règne dans la commune et communication leur est faite des tableaux relatifs aux détenus. Le Comité leur fait part de l'embarras où il se trouve au sujet des enfants *Lavarde* ; les commissaires conseillent de demander l'avis du citoyen *Roux-Fazillac*, représentant du peuple, actuellement à Tulle.

Signé : Touzi, président, Lavergne, secrétaire, Mathou, Malès, Chanourdie, Ségeral, Vedrenne ; Couloumi et Lestrade, n'ont su signer.

—

Séance du 6 Germinal (26 mars 1794)

Le Comité, suivant les conseils donnés hier par les commissaires du District, rédige un rapport très favorable, qui sera adressé au citoyen *Roux-Fazillac*, représentant du Peuple, au sujet des enfants *Lavarde*, et demande les mesures qu'il doit prendre à leur égard.

Il expose qu'il y a deux filles, de 16 et 15 ans, trois garçons de 14, 13 et 7 ans, sans surveillance et exposés à toutes les tentatives ; que leur père est émigré en Espagne, leur grand-père détenu à la maison d'arrêt de Brive et que leur mère doit réintégrer la maison d'arrêt le 11 courant. Le rapport contient cette phrase : « Tu le sçais, citoyen, le gouvernement républicain est fondé sur la justice, les mœurs et la vertu ; sans elles point de République. Nous te demandons ton avis, délibère et trace-nous la conduite que nous devons tenir pour arracher l'innocence et la vertu au vice qui menace, prévenir des malheurs, éviter le mauvais exemple. »

Le président propose de consulter aussi *Roux-Fazillac* sur la situation de la fille *Félets* qui, depuis qu'elle a quitté la maison d'arrêt, le 7 pluviose, par ordre de *Lanot*, s'est toujours bien comportée. Doit-elle réintégrer la maison d'arrêt ?

Le Comité estime que, quoique le citoyen *Jaubertie, père,* ait été détenu à la maison d'arrêt, il ne se trouve pas dans le cas de la loi et qu'il ne doit pas réintégrer la maison d'arrêt, attendu qu'il est cultivateur, qu'il a un fils aux frontières et qu'il n'y a aucune note d'incivisme contre lui.

Renouvellement du bureau : *Touzi* est nommé président, *Malès* secrétaire.

Signé : Touzi, président, Malès, secrétaire, Chanourdie, Lavergne, Férignac, Vedrenne, Mathou, Ségeral, Mayjonnade ; n'ont su signer : Couloumi et Lestrade.

Séance du 10 Germinal (30 mars 1794)

Un membre fait connaitre que la femme *Lavarde* est malade et qu'elle ne peut réintégrer demain la maison d'arrêt. Cette maladie pouvant être feinte et imaginaire, le Comité délègue deux de ses membres, les citoyens *Lavergne* et *Chanourdie*, pour savoir sur le champ le genre de maladie dont elle est atteinte. Le président dit n'avoir reçu aucune réponse de *Roux-Fazillac* au sujet des enfants de la femme *Lavarde*.

Signé : Touzi, président, Malès, secrétaire, Mathou, Mayjonade, Ségeral, Lavergne, Férignac, Vedrenne, Chanourdie.

Suite de la séance. — Le citoyen maire, introduit, informe le Comité que la nommée *Jeanne Ligonal*, citoyenne de la commune, 28 ans, presque imbécile, abandonnée à elle-même, est dans le cas de périr faute de secours. Il demande au Comité de prendre en considération sa triste situation et d'aviser dans sa sagesse aux moyens de pourvoir à sa sûreté, et a signé.

Signé : Marchant.

Le Comité décide que le citoyen *Roux-Fazillac* sera consulté sur les mesures à prendre à l'égard de *Jeanne Ligonal*; qu'en attendant, il lui sera délivré du grain et que l'héritier successible pourvoira aux autres besoins sauf répétition sur la succession.

  Signé : Touzi, président, Malès, secrétaire, Ségeral, Lavergne, Mayjonade, Férignac, Chanourdie, Vedrenne, Mathou ; n'ont su signer : Lestrade, Chouvignac et Couloumi.

———

Séance du soir susdit jour

Les citoyens *Lavergne* et *Chanourdie* informent le Comité que la femme *Lavarde* est réellement malade, mais ne peuvent savoir s'il est dangereux qu'elle réintègre la maison d'arrêt. Le Comité charge le citoyen *Loubignac* fils, officier de santé à Larche, de l'examiner et de faire son rapport écrit ou verbal.

  Signé : Touzi, président, Malès, secrétaire, Lavergne, Ségeral, Mayjonade, Chanourdie, Vedrenne, Férignac, Mathou ; n'ont su signer : Chouvignac, Lestrade et Couloumi.

———

Séance du 17 Germinal (6 avril 1794)

Il résulte du rapport du citoyen *Loubignac*, officier de santé, daté du premier de la 2e décade, que la femme *Lavarde* a besoin de quelques jours de séjour dans sa maison. Le Comité, pensant que sa maladie peut être traitée à la maison d'arrêt et que cinq jours se sont écoulés depuis la date du rapport, arrête que lad. *Lavarde* réintègrera la maison d'arrêt le vingt-un primidy du présent mois, que le citoyen *Jaubertie*, sous-lieutenant de la garde nationale, sera requis pour sa conduite. Les motifs de cette réintégration sont pris de sa qualité de femme d'émigré et du défaut d'un Certificat de civisme.

  Signé : Touzi, président, Malès, secrétaire, Mayjonade, Férignac, Chanourdie, Ségeral, Vedrenne, Mathou, Lavergne ; n'ont su signer : Couloumi et Chauvignac.

———

Séance du 19 Germinal (7 avril 1794)

Le président demande si quelqu'un a connaissance des auteurs du vol fait dans la maison *Félets* ; réponse négative. — Lecture d'un 2ᵉ rapport de *Loubignac*, officier de santé, daté du 16, constatant que la femme *Lavarde* a eu des accès de fièvre tierce. Le Comité, considérant que cette fièvre n'est pas de nature a empêcher la femme *Lavarde* à trouver un moment pour se rendre à Brive, persiste dans sa décision, toutefois pour remplir sa mission, le sous-lieutenant de la garde nationale aura l'attention de prendre le jour où elle n'aura pas la fièvre.

Le citoyen maire de la commune, introduit dans la salle, fait part des mesures qu'il a prises au sujet de quelques sacs de farine dénoncés pour être dans la maison du meunier de Laumeuil ; il invite le Comité à désigner un de ses membres pour assister l'officier municipal dans la visite domiciliaire qui va être faite. Le citoyen *Lavergne* a été nommé commissaire.

Un membre propose au Comité de s'occuper du sort de la fille *Félets*, savoir si elle doit rester libre ou réintégrer la maison d'arrêt. -- Le Comité, considérant : 1º qu'elle ne peut résider sur cette commune attendu que tous ses effets et meubles sont sous scellés, qu'elle est obligée d'habiter Brive, Mansac ou Brignac ; 2º que quoiqu'elle soit sœur d'émigrés et noble d'origine, elle n'a jamais donné aucune preuve d'incivisme, ainsi qu'il résulte de l'arrêté de la municipalité du 10 novembre 1793 et de l'attestation du Comité du 19 nivose adressés au citoyen *Lanot* qui la fit sortir de la maison d'arrêt ; 3º que la loi du 23 ventose ne porte que sur les personnes notées d'incivisme et que lad. *Félets* n'est pas dans le cas de cette loi, — croit, vu sa tranquilité, qu'elle n'est point, quant à présent, dans le cas de réintégrer la maison d'arrêt.

Signé : Touzi, président, Malès, secrétaire, Vedrenne, Chanourdie, Mayjonade, Férignac, Lavergne, Ségeral, Mathou ; n'ont su signer : Couloumy et Chauvignac.

Séance du 24 Germinal (13 avril 1794)

Lecture par le président d'une pétition présentée par *Danval-Lavarde* aux administrateurs du district, ainsi conçue : « Catherine *Danval* vous expose quelle est chargée
« de cinq enfans en bas-age, de la culture de ses biens,
« jouissant d'une mauvaise santé. Elle vous demande en
« conséquence de lui permettre de rester en sa campagne
« de Lavarde avec un garde à ses fraix sous la surveillance
« des corps constitués, offrant de se représenter à toute ré-
« quisition, et ferés justice.

Signé : DANVAL-LAVARDE. »

Plus bas est écrit :

« Renvoyé au Comité de surveillance de la commune de
« la Fraternité qui examinera dans sa sagesse s'il peut,
« pour éviter de plus grands inconvénients, laisser la péti-
« tionnaire en arrestation chés elle avec un garde jusqu'à
« nouvel ordre et provisoirement. Fait à l'administration
« du district de Brive le 22 germinal an deux de la R. F.
« une et indivisible. — Signé : Léon REYJAL, administra-
« teur, LACHAIZE, agent national, et CHOUMEL, secrétaire. »

Le Comité de la Fraternité, considérant la mauvaise santé de lad. *Lavarde*, le jeune âge des 5 enfants et les dangers auxquels ils seraient exposés ; que lad. Lavarde est absolument nécessaire dans sa maison tant pour ses enfants que pour faire cultiver son bien, — arrête que lad. *Lavarde* restera en arrestation chez elle sous la surveillance d'un garde à ses frais et qu'elle se présentera devant le Comité à toute réquisition.

Signé : TOUZI, président, MALÈS, secrétaire, MAYJONADE, MATHOU, VEDRENNE, CHANOURDIE, LAVERGNE, SÉGERAL, FÉRIGNAC ; n'ont su signer : CHAUVIGNAC et COULOUMY.

Séance du 25 Germinal (14 avril 1794)

Lecture des lois sur le gouvernement révolutionnaire, — du rapport de Saint-Just du 23 ventose.

Renouvellement du bureau : *Ségeral* est nommé président et *Lavergne*, secrétaire.

———

Séance du 30 Germinal (19 avril 1794)

Lecture d'une proclamation au Peuple français. — Le Comité constate que tout est paisible et tranquille dans la commune.

Signé : SÉGERAL, président, LAVERGNE, secrétaire.

———

Séance du 10 Floréal (29 avril 1794)

Lecture du rapport de Saint-Just sur la police générale, la justice et le commerce.

Signé : SÉGERAL, président, LAVERGNE, secrétaire.

———

Séance du 20 Floréal (9 mai 1794)

Rapport sur ce qui se passe dans la commune et sur la conduite de la femme *Danval*, épouse Lavarde. — Rien à blâmer et à réprimer.

Renouvellement du bureau : *Férignac* a été nommé président et *Vedrenne* secrétaire.

Signé : SÉGERAL, président, LAVERGNE, secrétaire.

———

Séance du 30 Floréal (19 mai 1794)

Lecture du rapport de Bissaud-Varenne sur la théorie du Gouvernement.

Signé : Férignac, président, Vedrenne, secrétaire.

———

Séance du 5 Prairial (24 mai 1794)

Les Comités de Salut public et de Sureté générale renvoient, pour être refaits, les tableaux concernant les détenus *Marque, Vielbans, Bachelerie* et *Félets* ; il y est joint une lettre des dits Comités et une autre de l'agent national du District relatives à la confection de ces tableaux. Le Comité arrête que, n'étant en fonctions que depuis peu de temps et, par suite, peu instruit du caractère et des opinions des détenus, les membres du Conseil général de la commune réunis en ce moment seraient invités à se joindre au Comité pour établir ce travail. Les citoyens assemblés, ce travail a été commencé.

Signé : Férignac, président, Vedrenne, secrétaire, Touzi, Ségeral, Chanourdie, Malès, Mayjonade, Lavergne.

———

Séance du 8 Prairial (27 mai 1794)

Le Comité termine les tableaux des détenus. Il décide que, « pour mieux s'instruire et n'éprouver aucun reproche de leur conscience », ces tableaux seraient lus au peuple qui doit s'assembler ce jour pour la distribution du grain, avec invitation d'avoir à faire connaître leurs observations; en outre ces tableaux seront affichés dans la salle de la maison commune, arrêtés et envoyés ensuite à l'agent national du district.

Signé : FÉRIGNAC, président, VEDRENNE, secrétaire, SÉGERAL, TOUZI, MALÈS, CHANOURDIE, LAVERGNE, MAYJONADE.

Séance du 10 Prairial (29 mai 1794)

A la suite des publication et affichage des tableaux des détenus, se sont présentés devant le Comité :

1° Le citoyen Jean CHASSAGNAC, 19 ans, cultivateur de cette commune, jeune homme probe et bien famé, qui a déclaré que, dans le courant du mois d'août — Jean *Lacoste*, de Gumond, étant présent — *Bachelerie* lui avait dit que les émigrés seraient ici pour manger les chataignes ; que, en la présence de sa servante et de lui, il aurait dit encore qu'il y avait dans la Convention des « Jean-Foutre » qui ne cherchaient qu'à tirer devers eux l'argent des pauvres propriétaires qui ne le connaissaient pas et que, quant les uns étaient assez gras, ils sortaient et en plaçaient d'autres, et a signé. Signé : CHASSAIGNAC.

2° Le citoyen Jean DELMAS, 36 ans, cultivateur de cette commune, homme probe et bien famé, déclare que ledit *Bachelerie*, étant commandant de la garde nationale, lisant les débats affichés à la porte de la ci-devant église, lui *Delmas* lui aurait dit : « Regardez que vous soyez bon citoyen et ne nous trahissez pas ». Que, sur ce propos, *Bachelerie* avait tiré son sabre, courut sur lui pour le frapper, ce qu'il ne put faire ayant pris la fuite. DELMAS ne sait signer. Signé : SAUTET, témoin, et DEPRACH, témoin.

3° Jean LACOSTE, cultivateur à Gumont, 40 ans, homme probe et bien famé, vigneron de *Bachellerie*, déclare qu'au mois d'août 1793, lui déclarant aurait dit à *Bachellerie* :

« Nous touchons bien nos ennemis », et qu'il aurait répondu : « Laisse leur faire, ils seront ici pour manger les chataignes ». A quoi il répliqua : « L'as fouté, il ne leur faudra point de curedent, ni ils ne viendront point b..... leurs femmes ni les nôtres ». *Chassagnac* et la servante de *Bachelerie* étaient présents à ce moment. — LACOSTE ne sait signer. Signé : DEPRACH et SAUTET, témoins.

4° BOUDY, Jacques, charron, 28 ans, homme probe, déclare avoir oui dire au nommé *Felets*, détenu, que *Bachelerie* était « un foutu traitre », capable de trahir la garde nationale, qu'elle prit garde à elle ; que *Felets* ayant observé à *Bachelerie* que la garde allait bien, ce dernier aurait répondu qu'il ne faudrait que 30 de ses vieux militaires pour « foutre le tour à ces culs blancs ». Jean *Couloumi*, dit Brousse, actuellement aux frontières, était présent. — BOUDY ne sait signer. Signé : DEPRACH et SAUTET, témoins.

Le Comité décide que l'Agent national du district sera consulté pour savoir si les déclarations ci-dessus doivent être transcrites au dos du tableau ou sur feuille séparée.

Signé : FÉRIGNAC, président, VEDRENNE, secrétaire, MAYJONADE, MALÈS, SÉGERAL, CHANOURDIE, TOUZI, LAVERGNE, MATHOU.

—

Séance du 13 Prairial (1ᵉʳ juin 1794)

Transcription, sur le registre, des tableaux concernant les détenus de la commune.

Nicolas MARQUE, natif de la commune, 31 à 32 ans, etc. (Renseignements à peu près identiques à ceux consignés dans la délibération du 19 nivose.)

Etienne FELETS, natif de cette commune, 50 ans, etc. (Voir délibération du 19 nivose.)

Catherine DANVAL, femme Lavarde, 46 ans, etc. (Voir la délibération du 19 nivose).

Reymond VIELBANS-GAYE, marié, natif de Brive, 39 ans, etc. (Voir délibération du 19 nivose).

Jacques BACHELLERIE-DURIEUX, natif de Brive, 55 ans, etc. (Voir délibération du 19 nivose). Le Comité ajoute qu' « il se trouva à Allassac dans l'affaire Lamaze lorsqu'on fusilla le peuple. » Quant aux propos rapportés au Comité et aux renseignements recueillis, il est dit que « les individus « venus de Brive prétextèrent qu'instruits que des citoyens « de la commune de Larche et jadis St-Sernain, devaient « venir sortir les bancs de l'église et enlever les cloches de « la chapelle de Gumond, ils s'étaient rendus pour les « empêcher et prêter secours. Personne ne vint et ces » ci-devant messieurs se retirèrent après avoir planté un « mait. Le peuple l'arracha et en planta un autre. » Le propos rapporté par *Lacoste*, *Labrousse* et *Vedrenne* fut tenu publiquement aux citoyens de Gumont réunis pour faire une pétition à l'Assemblée constituante à l'effet de conserver leur chapelle et une messe. Quant aux propos rapportés par *Peyrode*, *Couloumi* et *Roume*, ils n'ont aucune importance.

Signé : FÉRIGNAC, président, VEDRENNE, secrétaire, CHANOURDIE, MEYJONADE, LAVERGNE, TOUZI, MALÈS, MATHOU, SÉGERAL ; n'ont su signer : COULOUMI, CHAUVIGNAC et LESTRADE.

Séance du 20 Prairial (8 juin 1794)

Renouvellement du bureau : Le citoyen *Lavergne* est nommé président et le citoyen *Touzi* secrétaire. — Rapport sur la situation. – Rien de répréhensible.

Signé : FÉRIGNAC, président, VEDRENNE, secrétaire.

Séance du 30 Prairial (18 juin 1794)

Lecture de divers documents officiels.

Signé : LAVERGNE, président, TOUZI, secrétaire.

—

Séance du 10 Messidor (28 juin 1794)

Lecture de documents officiels.

Signé : LAVERGNE, président, TOUZI, secrétaire.

—

Séance du 14 Messidor (2 juillet 1794)

Lecture des documents officiels. — Un membre avise le Comité que la nommée *Delclaud* Catherine, demeurant au présent lieu, chez la nommée Nicoulaude, avait tenu des propos tendant au fanatisme. Lad. *Delclaud* est mandée et se présente devant le Comité ; elle dit que lundi d^{er} 12 courant, travaillant dans une pièce de blé d'Espagne, elle fut appelée par un homme ayant les appaiences d'un mendiant, 32 à 34 ans, qui lui demanda pourquoi elle travaillait un jour de Saint-Pierre, que c'était mal de travailler les fêtes et dimanches ; qu'il avait trouvé des faucheurs dans un pré, mais que le foin ne sécherait pas, que le blé noir qu'il avait vu semer ne réussirait pas. Elle répondit qu'elle travaillait pour se conformer à la loi, mais que personne ne la forçait. Le « Quidam » répartit que les riches, les municipalités et les Comités qui avaient cherché celà en souffriraient, qu'il tomberait une étoile qui détruirait tous les travaux et que l'innocent payerait pour le coupable. Elle fut effrayée de ces paroles et se rendit dans le bourg pour faire courir après cet individu qui pouvait bien être un aristocrate déguisé. — La petite *Jaubertie*, 15 ans, du bourg, appelée, dit avoir vu Catherine *Delclaud* parler avec un homme, mais n'avoir rien entendu. — Le Comité ne tient aucun compte de cette affaire.

Signé : Lavergne, président, Touzi, secrétaire, Ségeral, Malès, Chanourdie, Vedrenne.

—

Séance du 20 Messidor (8 juillet 1794)

Renouvellement du bureau : *Chanourdie* est nommé président et *Ségeral* secrétaire.

Signé : Lavergne, président, Touzi, secrétaire.

—

Séance du 26 Messidor (14 juillet 1794)

Lecture et dépôt de divers documents officiels.

Signé : Chanourdie, président, Ségeral, secrétaire.

—

Séance du 10 Thermidor (28 juillet 1794)

Lecture de l'arrêté du 15 messidor, pris par l'administration du Directoire du district portant que le seul jour de décadi sera observé et que tous les citoyens seront obligés de vaquer le reste du temps à leurs travaux ordinaires ; le Comité décide que les membres veilleront à l'exécution de cet arrêté, chacun dans sa localité.

Un membre du Comité observe qu'il pourrait y avoir des citoyens qui donneraient à boire les jours ci-devant fêtes et dimanches, à gens domiciliés dans la commune, ce qui favoriserait le repos les jours sus indiqués. — Le Comité arrête que tout citoyen qui vend du vin sera invité à ne pas donner à boire les jours ci-devant fêtes et dimanches à gens domiciliés et ayant chez eux leur subsistance, sous peine d'être regardés comme mauvais citoyen ; et que les officiers municipaux seront aussi invités à faire à ce sujet un règlement.

Renouvellement du bureau : Le citoyen *Mayjonade* a été proclamé président et le citoyen *Mathou* secrétaire.

Signé : CHANOURDIE, président, SÉGERAL, secrétaire, MALÈS, MAYJONADE, FÉRIGNAC, VEDRENNE, MATHOU, TOUZI, LAVERGNE.

Séance du 20 Fructidor (8 septembre 1794)

Renouvellement du bureau : *Touzi* est nommé président, et *Lavergne* secrétaire.

Deux membres déclarent qu'étant à Brive dans la maison du citoyen *Jayle*, aubergiste, le 14 du courant, le nommé Jean *Verlhac* fils, meunier de Laumeuil, leur aurait dit en présence de Jean *Chauvignac*, de Lestrade, Jean *Gilibert*, du Roch, Jean *Verlhac*, du Roch, Françoise *Lacoste*, de Lestrade, Jean *Salomond*, de Brive, et le sud. *Jayle* buvant avec led. *Verlhac* dénoncé, qu'il ne voulait pas suivre les lois parce qu'elles n'étaient pas justes et qu'il ne voulait que suivre sa tête ; à quoi l'un d'eux répondit que les lois étaient très justes. Led. *Verlhac* répliqua : « Je ne les suivrai jamais » et sortit.

Signé : MAYJONADE, président, MATHOU, secrétaire, FÉRIGNAC, CHANOURDIE, TOUZI, LAVERGNE, VEDRENNE.

FIN

Tulle, Imp. Ouvr. LA GUTENBERG.

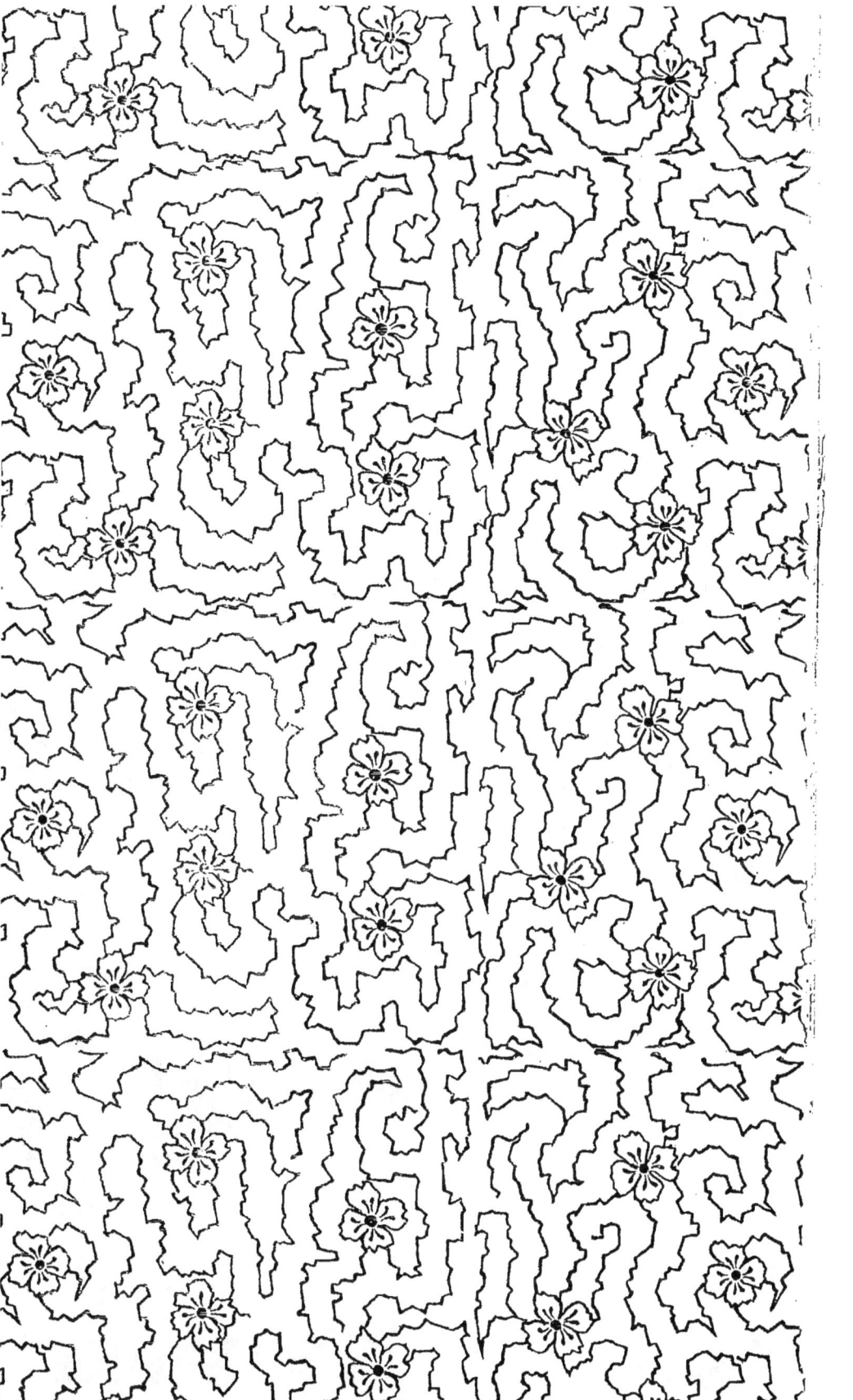